中社智库 国家智库报告 2019（41）
National Think Tank
金　融

中国非营利性小额信贷机构发展研究

杜晓山　孙同全　白澄宇　何广文　张睿　等著

RESEARCH ON THE DEVELOPMENT OF CHINA
NON-FOR-PROFIT MICROFINANCE INSTITUTIONS

中国社会科学出版社

图书在版编目（CIP）数据

中国非营利性小额信贷机构发展研究/杜晓山等著. —北京：中国社会科学出版社，2019.12
（国家智库报告）
ISBN 978-7-5203-5745-6

Ⅰ.①中… Ⅱ.①杜… Ⅲ.①信贷—金融机构—非营利组织—研究—中国 Ⅳ.①F832.4

中国版本图书馆 CIP 数据核字（2019）第 269981 号

出 版 人	赵剑英
责任编辑	刘晓红
责任校对	周晓东
责任印制	李寡寡

出　　版	中国社会科学出版社
社　　址	北京鼓楼西大街甲 158 号
邮　　编	100720
网　　址	http://www.csspw.cn
发 行 部	010-84083685
门 市 部	010-84029450
经　　销	新华书店及其他书店

印刷装订	北京君升印刷有限公司
版　　次	2019 年 12 月第 1 版
印　　次	2019 年 12 月第 1 次印刷
开　　本	787×1092　1/16
印　　张	15.75
插　　页	2
字　　数	180 千字
定　　价	85.00 元

凡购买中国社会科学出版社图书，如有质量问题请与本社营销中心联系调换
电话：010-84083683
版权所有　侵权必究

编 写 组

组　　长：杜晓山
副组长：白澄宇　何广文　孙同全
成　　员：王　丹、张　睿、何晓军、王海南、
　　　　　李　琦、朱肖怡、吕燕妮、贾　艳、
　　　　　罗永明、周雨晴、陈晓洁

序

本报告是专门研究我国公益小额信贷或非营利性小额信贷[①]的发展及政策法规问题的专著。因此，首先需要界定它的含义。以笔者的认识，概要的理解，小额信贷至少有两个基本要求：一是要服务于传统金融机构过去不愿意或难以服务的弱势群体和金融市场底端客户。世界银行"扶贫协商小组"（CGAP）认为，小额信贷服务的客户群体应是除去最贫困的赤贫者外的各类贫困户和刚刚跨过贫困县的低收入以及中等收入群体。不过，孟加拉国格莱珉银行（Grameen Bank）则已将本国农村最贫困的乞丐也作为其服务的对象。

二是国际主流观点（CGAP 的兄弟网站 www.mix.com，也是最著名的小额信贷信息收集和分析机构，被称为 MIX 的小额信贷信息交流网络）认为，小额信贷诸多业务（如存款、支付、汇款、保

[①] 此处所说公益小额信贷，是指社会目标优先或具有明确社会目标、目的的小额信贷；非营利是指不以逐利或利润最大化为目标但要实现自负盈亏。

险、租赁）中的贷款业务是有额度限制的，即单笔贷款额度应是本国或本地区人均国民收入（GNI）（在我国多用人均国内生产总值GDP）的2.5倍以下。像我国这样地域广大，经济发展水平差异悬殊的大国，各省区的单笔贷款额度的限额应有较大差别。

世界上，包括中国在内，小额信贷以考察其是否有扶贫的使命和不依靠外部补贴的可持续发展的两个目标衡量，大体可分为三种类型：一是福利主义小额信贷（以扶贫为目的但其依靠外部补贴、担保）；二是公益性制度主义小额信贷（有扶贫的使命，同时追求保本微利和可持续发展）；三是商业性小额信贷（无须有扶贫的宗旨，只要有服务较低端的客户目标即可，但追求自身的利润为主要目的）。

本报告讨论和研究的公益/非营利性小额信贷就是上文所述的公益性制度主义小额信贷。它服务于中低收入和贫困群体客户的有效金融需求，这类小贷组织多数还对客户提供不同的非金融服务需求。对我国公益小额信贷组织的单笔贷款应多大合适？它的保本微利可持续发展如何衡量？这些问题可能需要进一步具体化，但现在争论依然不少。

该项研究的主要目的是想为政府监管部门、业内人士、科研人员和有兴趣的读者等各有关方面全面系统地了解我国公益性制度主义（或称为非营利性）小额信贷组织的作用和发展情况，以使有关政府部门和监管当局认识到非营利小额信贷组织是我国普惠金融体系中应有的组织机构类型和重要组成部分。然而，由于这类组织机构受各种内外部因素的制约和影响，尤其是政策法规方面的欠缺，虽然它们取得了一定的成效，但总体发展并不理想。

就我国非营利小贷组织发展实践所做的研究，至少可以得出以下判断。非营利性小额信贷组织是我国当代小额信贷、微型金融和普惠金融发展过程中的先驱，最早的实践者，第一个"吃螃蟹"的人；它们是真心实意、一心一意、任劳任怨地倡导、支持、践行扶贫小额信贷和普惠金融的实践者和"铺路石"。它们自始至终真心实意地为普惠金融客户分层中的中低端群体提供服务，过去已经、现在正在，并且将来还将继续做出应有的贡献；实践和历史已经证明，我国非营利小贷组织与国际同类组织一样，在微观上（自身的经营运作上）是成功的，其中一些机构得到了政府领导人和一些监管部门负责人的肯定。但在宏观上是不成功的。

我们希望该研究能有利于推动政府和监管部门倡导、支持这类非营利小额信贷组织的政策法规的出台，并能为相关的政策法规提供有益的参考意见。我们认为，针对非营利小贷组织的政策法规的制定应主要包括适宜的法律地位和监管措施、制度性的融资来源、财税政策和机构建立初期的能力建设和资金支持等内容。

为了便于读者对这部专著的内容有个简要、概括的了解，在此对报告的部分重要内容做一简述。本报告的主要内容包括八个部分。

（1）国际非政府组织小额信贷机构述评。为解决金融排斥问题，为贫困和低收入群体提供更加有效的金融服务，国际组织、研究机构、发展中国家政府、金融机构等一直在进行探索和创新。在创新过程中，非营利小额信贷组织发挥了重要的先导和开拓作用，但也因制度约束较难大规模可持续发展，须经商业化/市场化改制获得合法地位、资金来源和专业人才，在不改变宗旨和服务对象的同时，实现商业可持续发展。在这个过程中，既有成功经验，也有失败教训。有必要比较总结并加以借鉴。

非政府小额信贷机构的发展不仅是小额信贷行业发展的结果，其大背景是非政府组织在全球发展事业中地位的不断提升和加强。非政府组织最初在国际发展事务中只是接受委托承担工作的角色，现在已经日益发展成为与官方发展援助机构并驾齐驱的具有独立地位的庞大力量。非政府小额信贷机构的作用主要包括两个方面：一是小额信贷市场拓荒者；二是可为穷人提供更多、更好的服务。

非政府组织小额信贷机构面临商业化/市场化改制的挑战。成功的商业化/市场化改制的关键因素包括：①有利于小额信贷机构的监管制度和政策。②非政府小额信贷机构具有改制的基础。③主要利益相关方的一致承诺是成功转型的关键。④需要高水平的顾问团队。⑤股权结构与董事会席位安排。⑥未来规划和新机构管理体系的开发。

但与庞大的未被满足的农村金融市场相比，中国小额信贷的发展严重滞后，落后于国际小额信贷发展水平。主要表现在几个方面：第一，我国还没有产生如格莱珉银行那样大规模的成功的小额信贷机构；第二，我国小额信贷行业还没有形成成熟的标准化的风险管理模式和经营模式；第三，我国也还没有形成针对小额信贷机构的有效的监管制度；第四，非营利性小额信贷机构始终没有得到政府和市场的广泛认可；第五，合作金融组织在中国依旧是空白。

（2）中国非营利性小额信贷的产生与发展。我国与国际现代规范小额信贷接轨、系统建立起较完整的小额信贷制度的专门机构始于20世纪90年代中前期，也就是中国社会科学院农村发展研究所于1993年引入了孟加拉国格莱珉银行模式，在河北省国家级贫困县易县作为试点开始的。本报告介绍了我国非政府小额信贷机构和项目发展的情况。重点讨论了中国社会科学院"扶贫经济合作社"小额信贷扶贫项目；联合国开发计划署（以下简称"UNDP"）/商务部交流中心扶贫小额信贷项目；中和农信从小额信贷项目到小微金融机构；重庆市开州区民丰互助合作会小额信贷；来源于非政府组织的宁夏东方惠民小额贷款股份有限公司；陕西西乡县妇女发展协会；内蒙古乌审旗妇女发展协会。

本报告还阐述了我国小额信贷的政策法规变化。与公益/非营利性小额信贷组织有直接相关的政策是2006年中央一号文件，要求"大力培育由自然人、企业法人或社团法人发起的小额贷款组织，有关部门要抓紧制定管理办法"。2013年党的十八届三中全会又把"发展普惠金融"第一次正式写入党的决议。国务院于2015年颁布的《推进普惠金融发展规划（2016—2020年）》明确提出，"通过法律法规明确从事扶贫小额信贷业务的组织或机构的定位"。可惜的是，这些有关公益小额信贷组织的政策至今难以真正落实。然而，国务院和地方政府及有关政府部门对一些公益小贷组织有若干肯定性圈批指示，在不同程度上支持了一些公益小额信贷组织的生存和发展。

（3）中国非营利性小额信贷机构发展环境的变化。我国农村发展的不平衡、不充分问题依然严重，相对贫困和多维贫困凸显。尽管2020年中国将消除绝对贫困现象，但是，贫困问题依然长期存在。一是如果提高贫困线标准，中国贫困问题仍然比较严重。二是贫富差距仍然有所扩大。而且城市贫困与农民工贫困问题将逐渐凸显。农村金融市场供给仍然严重不足，中低收入农户难以获得正规金融机构服务。2020年后，城乡相对贫困与多维贫困将成为中国贫困的主要形态。公益性小额信贷的目标对象本来就包括相对贫困群体，为他们提供获得金融服务的机会，还向他们提供金融知识培训以及生产生活技能等非金融知识，提高他们的发展能力。

在中国的金融体系中不缺乏大型银行，中小型农村金融机构数量也很庞大，但是缺乏不以营利为目的的社会企业性质的金融服务组织。只有这样的组织才能克服政府失灵和市场失灵，专注地为低收入阶层服务。因此，在适合农业农村特点的农村金融体系中，服务中低收入人群的公益性小额信贷机构是重要的组成部分。公益性小额信贷是普惠金融的发端，是普惠金融的天然组成部分。中国普惠金融事业的发展给公益性小额信贷组织带来巨大需求和市场空间。

（4）中国非营利性小额信贷组织制度变迁。2008年至今，非营利小额信贷项目机构化基本解决了小额信贷项目持续扶贫的问题，但是没有解决这些机构不具备合法金融机构身份，难以对外融资等问题，妨碍了这些机构的发展壮大和服务能力。本报告对中国三个主要的小额信贷管理系统和三个具有代表性的小额信贷机构的治理机制变迁进行了回顾与总结。

中国非营利性小额信贷机构不断改制的目的基本上可以概括为两点：一是获得合法的放贷资格，二是突破融资限制。但是，这两个问题的解决是为了能够合法合规地开展小额信贷业务，而且能够扩大资金规模，服务更多低收入人口。因此，评价改制成功与否，不仅要看上述两个问题是否得到解决，同时，还要看是否坚持了原来的扶贫目标或者惠及了更多低收入人口。只有实现了这三个目标，才能够说改制是成功的。

我国一些非营利性小额信贷机构的改制并没有偏离最初的扶贫目标，反而随着资金规模的扩大和人员专业化程度的提高，服务到了更多中低收入人群。所以，至今中国非营利性小额信贷商业化或股份化改制尚未显现对原定的社会发展目标的偏离或明显偏离。一方面是这些机构对社会发展目标的坚持，另一方面也说明了面向中低收入人群的小额信贷市场具有可持续性的商业开发价值。

（5）中国非营利性小额信贷组织的业务模式及其变化。在小额信贷机构不断发展和完善的过程中，逐渐分化出以利润最大化为目标的商业小额信贷机构和以社会公益、扶贫助困为使命的非营利性小额信贷机构。非营利性小额信贷机构在保持自身一定可持续发展能力的同时，更加关注社会绩效，致力于向小微企业、贫困边远地区农户以及城乡低收入家庭这些被排斥在商业金融机构之外的弱势群体提供信贷支持。

非营利性小额信贷机构注重产品和服务模式的可持续发展，产品和服务模式更加多元化、联保担保贷款比重增加、反担保门槛适当降低、女性客户更受关注、"一站式"服务更便捷、非金融服务更丰富，为促进普惠金融和社会创业就业的发展做出了积极有效的探索。

一些非营利性小额信贷机构运用大数据、云计算等信息技术将小微客户的还款意愿、还款能力、家庭特征以及社会网络等特征数据化，例如，中和农信项目管理有限公司对接中国人民银行征信中心，引入发票、银联流水等渠道信息分析客户的还款能力，通过互联网信贷的信用评价情况量化客户的还款意愿等，对客户信息数据库进行及时更新，实时跟踪现有客户群体，努力挖掘潜在客户，利用金融科技提高非营利性小额信贷机构的风险识别能力以促进可持续发展。

（6）中国非营利性小额信贷组织的财务绩效。对31家非营利性小额信贷机构样本的财务绩效分析表明，非营利性小额信贷组织经营规模在不断扩大，贷款额度为5万元以下的贷款规模扩张最快。利润水平总体上升，个体存在很大差异。2014—2017年机构的资本利润率和资产利润率有所下降。2017年平均运营自负盈亏比率达到99.17%，与正常目标100%基本持平，处于正常水平。

一是经营效率分析。运营费用比率是运营费用与平均贷款余额的比值，比值越低，经营效率越高。2017年非营利性小额信贷机构总体平均运营费用比率为12.58%，低于国际标准的15%，平均财务费用比率9.84%。

二是人力资源的经营效率略有下降。2013—2017年非营利性小额信贷机构信贷员人均管理的贷款余额和客户数量有所下降。18家机构提供了信贷员人均管理的客户数量情况，7家机构每个信贷员管理的客户数量超过平均值，有10家机构每个信贷员管理的客户数量为100人以下，4家机构每个信贷员管理的客户数量为100—200人，4家机构每个信贷员管理的客户数量为200人以上。每个信贷员年底管理的贷款余额在100万—500万元的机构有9家，占50%；每个信贷员年底管理的贷款余额在100万元以下的机构有5家，占27.8%；每个信贷员年底管理的贷款余额在500万元以上的机构有4家，占22.2%。2013—2017年，不同资产规模下的信贷员人均管理贷款余额数量不同。资产规模在1000万—1亿元的非营利性小额信贷机构的信贷员人均管理贷款余额数量最多。资产规模在500万元以下的非营利性小额信贷机构的信贷员人均管理贷款余额数量最少。资产规模大于1亿元的非营利性小额信贷机构的信贷员人均管理客户数量最多，规模小于500万元的非营利性小额信贷机构的信贷员人均管理客户的数量呈下降趋势。

三是信贷质量分析。逾期贷款率有所下降，14家机构提供了2017年的逾期贷款率。2017年非营利性小额信贷机构的逾期贷款率分布中，逾期贷款率低于10%的机构有9家，占比为64.29%。逾期贷款率在10%—30%、30%—50%的非营利性小额信贷机构数量各占14.28%，信贷质量有待进一步提高。逾期贷款率高于50%的非营利性小额信贷机构占比7.14%，信贷质量较差，需及时控制风险。

四是注销贷款比率普遍较低。31家样本非营利性小额信贷机构中，2017年只有宁夏东方惠民小额贷款股份有限公司注销贷款比率为1.3%，其余机构的注销贷款比率均为零，表明了非营利性小额信贷机构客户的违约风险普遍较低。

五是贷款损失准备金率大幅上升。在2017年高达17.74%，增长了70.5%，表明非营利性小额信贷机构不断强化自身风险管理意识，提高风险控制能力。

（7）中国非营利性小额信贷组织的社会绩效。对于非政府组织小额信贷机构而言，社会使命是它们存在的理由。而如何衡量这些机构是否实现了其社会使命，国际小额信贷领域引入了社会绩效的理念。

小额信贷领域的社会绩效就是小额信贷机构通过经营管理实现其社会目标所达成的结果。例如，惠及目标客户、满足客户需求、改善客户生活等。这与小额信贷的财务目标相对应，被称为小额信贷的双目标，也叫作双重底线，即小额信贷机构在帮助贫困、低收入和微型企业等弱势群体摆脱困境（社会目标）的同时也要实现自身的商业可持续发展（财务目标）。

一般而言，小额信贷机构的社会目标需要包括：针对目标客户提高可持续金融服务的覆盖广度和深度；提高目标客户获得金融服务的质量和适当性；为目标客户及其家人和所在社区创造利益，满足他们的基本需求；提高小额信贷机构对于员工、客户以及所服务社区的社会责任。

小额信贷机构开展社会绩效管理，必须将社会绩效的理念融入小额信贷机构的宗旨目标、战略规划、经营管理、规章制度等体系中，从而实现社会目标，提升机构的整体绩效水平。

从31家机构所提交章程中的宗旨来看，非营利性小额信贷机构的宗旨和目标基本上都是以社会目标为主，个别机构兼顾了员工利益。所有非营利性小额信贷机构，无论其组织形式如何，在其经营和发展的过程中都非常注重帮助弱势群体、促进社区发展以及社会和谐进步。

此次收集统计的31家调查问卷中，其中12家非营利性小额信贷机构除了信贷服务外，还为客户提供了其他非金融服务，主要可以概括为以下几种：农业技术培训、慈善公益活动、土地托管、农资统购统销、文化娱乐活动、电商服务、妇女赋能和能力建设培训、妇女保健、儿童教育、传统美德孝道培训等。

有16家机构已在联盟网站签署了客户保护公约，并且签署客户保护公约的机构中有2家机构也分别接受过小额信贷评级（Micro Finanza Rating）和格莱珉银行的客户保护评估或评级。信用贷款和联保贷款是非营利性小额信贷机构的主要贷款担保方式。有1家接受过中国小额信贷联盟的社会绩效评估。

2017年数据中显示，有3家机构2017年累计贷款发放额已达数亿元或数十亿元，11家机构2017年累计贷款发放额在千万元以上不等，13家机构贷款规模在百万元以上不等，1家机构贷款规模在40多万元。

31家机构2017年的数据显示，有1家机构2017年年底有效客户数达38万人，1家机构客户数约2万人，2家机构在4800人以上，6家机构客户数在1000—3000人，其他机构客户数在50—999人不等。有19家机构为农牧户提供贷款，其中6家机构的客户均为农牧户，其他12家机构提供了一定比例的农牧户贷款，农牧户贷款笔数占个人贷款笔数为11%—99%不等，农牧户贷款金额占比也从32%—97%不等。2017年数据显示，有1家非营利性小额信贷机构的最高单笔贷款额为300万元，1家机构的最高单笔贷款额5000元，大部分机构的最高单笔贷款额在5万元以内。非营利性小额信贷机构基本上以3万元以下的贷款业务为主，通过小额度从而覆盖更多的人群。9家机构的客户涉及建档立卡贫困户，涉及建档立卡户共计10950户。其中，有1家机构25%的客户均为建档立卡贫困户。

从初建到现在，非营利性小额信贷机构在中国已有20多年的发展历史。他们一直坚持为当地弱势群体服务，通过小额信贷业务帮助贫困对象摆脱贫困，不仅帮贫困人口经济上脱贫，而且精神上也能够脱贫，所以非营利性小额信贷机构在扶贫攻坚中发挥着重要的作用，是中国脱贫攻坚战中不可忽视的一股力量。

综合来看，非营利性小额信贷机构在推动普惠金融发展，促进社会公平与和谐，以及国家减贫战略中发挥着不可替代的作用。但非营利性小额信贷机构在自身能力建设、服务广度和深度，以及客户保护等方面仍需要进一步努力。

（8）中国非营利性小额信贷组织研究的结论和政策思考。真正规范的公益性制度主义小额信贷组织是发展普惠金融最忠实的支持者和践行者，它们从内心深处全心全意拥护普惠金融，自发自觉、不讲条件地服务于普惠金融服务目标群体中的中低端和贫困客户。追求保本微利和组织与财务可持续发展的公益性制度主义小额信贷组织和合作金融机构（规范运作的这两类组织又可称为"社会企业"类组织）的目标任务是服务于低端弱势和贫困群体的经济社会发展和社员权益的保障，有其特有的优势和作用。

我国非营利性/公益性小额信贷组织在当代历史上（20世纪90年代中前期至今）对农村扶弱扶贫和城市创业就业起过重要作用且产生着积极影响。它们与商业性小贷公司和其他放贷组织在目标宗旨、机构性质、服务对象、服务内容和方式等方面有着很大区别，是中国特色普惠金融体系的重要组成部分。它们绝大多数设在国家和省重点扶贫开发县，服务于那里的低端群体。不过，从组织和财务可持续发展的角度观察，这类组织不同机构的运营目标和经营状况有较大的差异。

这类小额信贷机构的发展面临许多困难，除了其自身业务水平和能力制约之外，最重要的是缺少支持其大规模、可持续发展的法规政策和监管以及融资等必要的制度安排。由于这些机构大部分资本金规模较小，难以满足目前各地对小贷公司注册资本金的要求，因此难以小额贷款公司形式注册获得合法放贷资格；也因此缺乏制度性、持续性的资金来源和融资渠道。我国的公益性小额信贷组织生存和发展状况总体上堪忧。

我国非营利性/公益性小额信贷组织总体上没有发展壮大的原因。总的说来，从外部条件看，政府重视程度低、缺少政策支持，无合法的法律地位，无制度性稳定的融资渠道，缺少机构早期的扶持政策和资金支持。从内部状况看，多数组织和资金规模小，治理结构不健全，人员业务素质弱，风险内控机制差。但主要矛盾是政策制度上的障碍。

我国非营利性/公益性小额信贷组织，除少数机构在不同程度上获得政府的支持或扶持以外，多年来基本上处于自生自灭的状态。在我国，非营利性小额信贷组织成败的原因多样，但实践证明，其自身的微观因素十分重要，但其没有在广大欠发达农村地区形成燎原之势，与我国在宏观的政策法规上有重大缺陷有关，使其难以不断发展壮大，使其不能有效地以普惠金融的理念和实践在金融扶弱扶贫上发挥示范性的作用。总体上说，我国非营利性/公益性制度主义小额信贷组织在微观上是成功的，宏观上则不成功。

我国对小额信贷机构的政策表现至今是重商业性小额信贷，轻公益性小额信贷，或将两者混为一谈。其实，两者在机构性质、理念追求、目标宗旨、服务对象、服务内容和方式等方面有很大区别，因此对非营利性/公益性制度主义小额信贷要做专门规定。对微型金融发展应注意：商业性和公益性小额信贷的平衡发展，对任何小额信贷机构的评价都要有双底线，即财务绩效和社会绩效并重的考核标准，当然，又不能等同要求。

政策建议如下：

一是对政府和监管部门。①政策法规应明确从事扶贫小额信贷业务的组织或机构的法律身份和定位。建议在《小额贷款公司管理条例》中，增加有关非营利性小额信贷组织的专门条款。②建议在我国中西部设立"穷人/平民银行"。③政府支持为规范的、资产质量正常的非营利性/公益性制度主义小额信贷组织解决制度性融资渠道。④提供税收优惠政策支持。⑤为发展初期、符合条件的公益性小额信贷组织提供适量启动经费和技术支持，以帮助它们顺利度过初创期和提高经营管理水平。

二是对非营利性/公益小额信贷组织。①不忘初心、坚守定位，坚持为城乡弱势和贫困群体提供服务。坚持逐利与弘义的平衡、"道"与"术"的统一，在有效服务目标群体的基础上，实行机构自身的保本微利和可持续发展。②完善治理结构，苦练内功，提高业务素质和金融科技水平，与其他金融机构差异化定位和发展，发挥优势和错位竞争，健全运营流程、防控风险和激励约束的制度与机制。③加强非营利性/公益小额信贷组织之间、非营利性/公益小贷组织与其他类型金融机构及行业协会类组织之间的交流与合作，交流信息和分享经验教训，创新产品和服务方式。

衷心期盼本报告的问世能对推动我国非营利性/公益小额信贷组织的健康可持续发展，尤其能在推动政府出台相关政策法规方面有所裨益。让我们大家共同努力，不忘初心、牢记使命，推动我国小额信贷、普惠金融进一步的发展壮大贡献我们应尽的责任和力量。

中国社会科学院农村发展研究所
中国小额信贷联盟
杜晓山

摘要： 非营利性小额信贷组织的出现是国际组织为解决金融排斥问题以及为贫困和低收入群体提供更加有效的金融服务进行创新性探索的结果，面临着商业化/市场化改制的挑战和发展趋势。在我国，非营利性小额信贷组织是当代小额信贷、微型金融和普惠金融发展过程中的先驱和最早的实践者。在实践过程中，我国非营利性小额信贷组织的发展环境发生变化、组织制度发生变迁、业务模式逐渐多元化、财务绩效和社会绩效总体提高，出现了以中和农信项目管理有限公司、汉中市西乡县妇女发展协会等为代表的一些坚持扶贫助困使命、始终专注于满足中低收入群体的金融服务需求、实现可持续发展的"微观"层面上的成功经验。但这类小额信贷机构在"宏观"层面的发展面临诸多困难。除了其自身业务水平和能力制约之外，最重要的是缺少支持其可持续发展的法规政策以及缺乏制度性、持续性的资金来源和融资渠道。政府和监管部门在政策法规制定过程中应明确从事扶贫小额信贷业务的组织或机构的法律身份和定位，提供税收优惠政策支持和制度性融资渠道，助推中国式"穷人银行"的成立和可持续发展。非营利性小额信贷组织在坚持逐利与弘义的平衡、"道"与"术"的统一的同时，应找准差异化定位优势、完善治理结构、加强同类型组织间及其与其他类型金融机构及行业协会类组织之间的交流与合作、创新产品和服务方式，实行机构自身的保本微利和可持续发展。

关键词： 非营利性　小额信贷组织　成功经验　制约　可持续发展　建议

Abstract: The emergence of the non-profit microfinance institutions (MFIs) with the characteristic of social enterprise is the result of innovative exploration undertaken by international organizations to solve the problem of financial exclusion and provide more effective financial services for the poor and low-income groups, facing the challenges and development trend of commercialization and market transformation. In China, the non-profit MFIs are the pioneers and earliest practitioners in the development process of contemporary microcredit, microfinance and inclusive finance. In practice, our non-profit MFIs have experienced the change of environment, the transition of institutional system, the diversity of business model, as well as the overall enhancement of both financial performance and social performance, leading to the appearance of the successful experience at the micro level which are represented by such MFIs as CFPA, Shaanxi Xixiang Women Development Association and so on that stick to their mission of poverty alleviation, focus on meeting the demand of the middle and low income groups in financial services and realize their sustainability. However, such MFIs face many difficulties at the macro level. In addition to its own business level and ability constraints, what is the most important is the lack of regulations and policies and the shortage of institutional, sustainable funding sources and financing channels to support its sustainable development. In the process of formulating policies and regulations, the government and regulators should clarify the legal identity and positioning of the institutions engaging in microcredit business aiming at poverty alleviation, provide preferential tax policies and institutional financing channels, and promote the establishment and sustainable development of Chinese – style "Bank for the Poor". Non – profit MFIs should get the differentiated positioning advantage, improve the governance structure, strengthen the exchanges and cooperation between the peer, other types of financial institutions as well as industrial associations, innovate products and services in order to realize the preservation and sustainability while insisting on the balance between seeking profit and righteousness, as well as the unity of "Shu" and "Dao".

Keywords: Non – profit　Microfinance institutions　Successful experience　Restriction　Sustainable development　Suggestions

目 录

一 国际非政府组织小额信贷机构述评 ························· 1
 （一）概述 ··· 1
 （二）非政府小额信贷机构发展的背景 ························· 7
 （三）非政府组织小额信贷机构的作用和面临的问题 ········ 11
 （四）非政府组织小额信贷机构的商业化改制 ················ 18

二 中国非营利性小额信贷的产生与发展 ······················ 24
 （一）非营利性小额信贷组织产生的背景 ······················ 24
 （二）公益/非营利性小额信贷组织的发展历程 ··············· 27
 （三）我国小额信贷的政策法规变化 ··························· 47

三 中国非营利性小额信贷机构发展环境的变化 ·············· 51
 （一）扶贫形势的变化 ··· 51
 （二）农村金融政策与市场环境的变化 ························ 57

（三）乡村振兴和普惠金融建设仍然需要公益性小额

信贷大发展 ·· 63

（四）政策法律环境的逐步改善为小额信贷机构的合法化

带来希望 ·· 67

四 中国非营利性小额信贷组织制度变迁 ············· 70

（一）中国非营利性小额信贷的主要组织形态及其变化 ····· 70

（二）三个主要非营利性小额信贷管理系统的变迁 ········· 72

（三）商业化、股份化与坚持非营利性

——几个具有代表性的小额信贷机构 ··············· 83

（四）改制的效果 ·· 92

（五）需要讨论的问题 ······································ 93

五 中国非营利性小额信贷机构业务模式及其变化 ········· 99

（一）目标客户与市场定位 ································· 99

（二）产品和服务模式的变化 ····························· 101

（三）业务流程 ··· 110

（四）风险管理（信贷、内控等）模式 ··················· 113

（五）新技术应用与业务模式 ····························· 115

六 中国非营利性小额信贷机构的财务绩效 ············· 117

（一）营利性分析 ··· 117

（二）经营效率分析 ······································· 123

（三）信贷质量分析 ································· 129

七　中国非营利性小额信贷机构的社会绩效 ············· 134
　　（一）社会绩效管理理念 ····························· 138
　　（二）社会绩效管理路径 ····························· 140
　　（三）中国小额信贷联盟会员机构社会绩效现状 ······· 142
　　（四）结论 ··· 152

八　中国非营利性小额信贷组织研究的结论和政策思考
　　——公益性小额信贷组织是普惠金融健康发展的
　　　　重要补充力量 ································· 154
　　（一）若干结论性意见 ······························· 154
　　（二）政策建议与思考 ······························· 166

九　中国非营利性小额信贷机构的典型案例分析 ········· 174
　　（一）汉中市西乡县妇女发展协会案例分析 ··········· 174
　　（二）内蒙古格莱珉商都小额贷款公司案例分析 ······ 188
　　（三）中和农信接管社科院扶贫社小额信贷项目研究
　　　　——中和农信课题组报告节选 ··················· 199

后记 ·· 224

一　国际非政府组织小额信贷机构述评

（一）概述

现代金融体系是在大工业和城市化背景下发展起来的，其对利润的追求和风险管理模式限制了其服务的深度和广度，长期将社会金字塔最底层的群体排斥在正规金融服务之外。为解决金融排斥问题，为贫困和低收入群体提供更加有效的金融服务，国际组织、研究机构、发展中国家政府、金融机构等一直在进行探索和创新。在创新过程中，非营利小额信贷组织发挥了重要的先导和开拓作用，但也因制度约束较难大规模可持续发展，需经商业化改制获得合法地位、资金来源和专业人才，在不改变宗旨和服务对象的同时，实现商业可持续发展。在这个过程中，既有成功经验，也有失败教训。有必要比较总结并加以借鉴。

国际权威的小额信贷信息交流平台Mixmarket将小额信贷机构分为五种：商业银行、非银行金融机构、农村银行（政策银行）、非政府组织与合作金融机构。这五种机构按法律形式可分为三大类：其中前三种为股份制公司，非政府机构属于社会团体，合作金融机构属于合作制组织；按机构性质可分为两大类：商业银行和非银行金融机构属于营利性商业机构，农村银行、非政府组织与合作金融机构属于非营利性质机构。

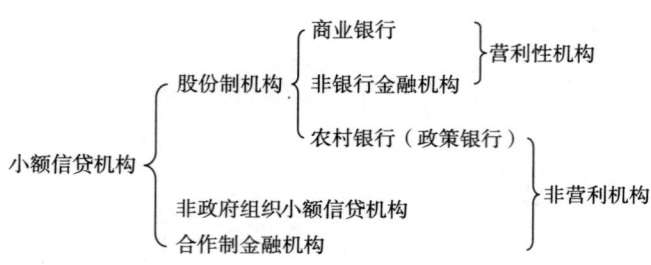

图 1　小额信贷机构分类

营利性商业小额信贷机构是国际小额信贷市场的主流，虽然数量少，但规模大，拥有市场主要份额。印度尼西亚人民银行、印度SKS金融公司、柬埔寨的阿克莱达（Acleda）银行、玻利维亚的阳光银行、墨西哥康帕图（Campartamos）银行等大型商业小额信贷机构，都是在本国和本地区的旗舰机构，占市场首位，在本地和国际上都有巨大影响。但从发展历史看，上述商业性机构的前身都是非营利性小额信贷组织，印度尼西亚人民银行前身也是政府政策银行。其前期的非营利性机构通过创新，开发了当地小额信贷市场，并实现了可观的经济效益和可持续性，获得国际发展资本和商业资本青睐，经过改制逐步升级为商业银行或非银行金融机构，获得了充分的资金来源，从而取得巨大成功。

非政府组织小额信贷机构在国际小额信贷领域拥有庞大的群体，数量最多，分布最广，不过总的信贷规模和单个机构规模一般难与营利性商业机构相比。但是，非政府组织小额信贷机构始终活跃在小额信贷和普惠金融领域的最前沿，具有创新精神，不断拓展着金融服务的边界，推动普惠金融体系在深度和广度上不断进步。不断有成功的非政府小额信贷机构升级为大规模商业机构，同时会有新的非政府机构不断涌现，特别是在最不发达地区和更贫困的群体中开展最艰苦的工作。

目前，国内广为人知的且取得了一定发展的是股份制商业化机构和非政府小额信贷机构，而合作制机构则因国内政策限制而没有被充分介绍，更缺少成功的实践。合作金融在国际上已经有了170余年的发展历史，远远早于其他小额信贷机构的兴起和发展。合作制的小额信贷组织与股份制小额信贷机构在很多方面存在差别。第一，合作制不以营利为目的，不以机构利润最大化（进而实现股东利润最大化）为目标，是基于有着共同关系（除以赚钱为目的之外）的群体的共同需要，而是为成员提供他们所需的服务，比如生产、供销和信贷服务。为成员提供金融服务的合作组织是合作金融机构，如储蓄互助社和互助保险等。第二，合作金融组织与股份制金融机构在治理上不同的是，成员完全平等，无论出资多少，都是一人一票、民主决策、公开透明，同时有着严格的管理体系和管理制度。第三，在服务对象上，股份制小额信贷一般没有特定服务对象，资金来源和贷款对象是社会有需求的公众。而合作金融机构有限定的服务对象，即合作组织成员，资金来源和贷款对象都是成员，完全封闭，不向公众提供服务。合作制的属性使其天然地具有社会目标与商业可持续性的统一。

孟加拉国格莱珉银行或称乡村银行是一家绝对另类的小额信贷机构。该银行虽然以股份制银行形式注册，但不以营利为目的，与一般的商业银行区别很大。它们也和非政府组织不同，有明确的产权归属和股东，治理体系更加完善。国内有观点认为，孟加拉国格莱珉银行其实是一个类似合作制的银行，因为有几个与合作制金融机构类似的特征。第一，民主管理。800万客户是股东，联合成为最大的股东群体，股权极其分散，几乎没有控股股东。因会员数量过于庞大，无法召开会员大会，董事会可以看作合作银行的会员代表会议，客户代表在董事会占多数席位，实现了会员参与银行管理。第二，不以追求利润最大化为目标，而以会员利益最大化为目标。2007年，孟加拉国政府允许格莱珉银行给客户分红，但客户参与的目的是获得金融服务，而不是分红。此外，银行以为客户提供最优质的服务为宗旨，这与合作金融宗旨完全一致。第三，互助性质。资金绝大部分是来自客户储蓄，也用于为客户提供服务，具有客户之间的互助性质。可以设想，格莱珉银行可以在不改变信贷管理模式的前提下，把分支机构改造为独立的合作金融机构，由分支机构的会员成立社员大会和理事会；在各地合作金融机构基础上，把区域分支改造成联合社，把总部改造成全国合作金融机构联盟，为基层合作金融机构提供管理、信息系统、审计、培训、资金拆借、风险准备金库等服务，就是一个典型的储蓄互助社体系。

根据 Mixmarket 发布的 2017 年小额信贷市场分析报告提供的数据，五种小额信贷机构的主要指标如表 1 所示：

表 1　　各类小额信贷机构主要指标

	商业银行	非银行金融机构	农村银行	非政府组织小额信贷机构	合作制金融机构	合计
机构数（个）	95	347	16	218	69	745
总资产（百万美元）	77016.50	46834.00	799.80	13259.90	8155.70	146065.90
有效客户	37292.20	42661.30	1353.40	35864.90	2534.00	119705.80
信贷资产总额（百万美元）	2082.60	449.30	20.20	46.70	11.70	2610.50
贷款余额笔数（笔）	31659.30	43163.90	2081.20	37608.90	2729.40	117242.70
客户平均贷款余额（美元）	1257	819	398	341	2371	5186
储蓄客户数（个）	76202.00	17074.40	3256.70	36962.70	6845.10	140340.90
存款额（百万美元）	51549.40	18856.90	498.80	3211.90	6243.40	80360.40
资产回报率（%）	1.50	2.30	2.60	4.90	1.10	2.48
资本回报率（%）	10.30	12.60	13.40	14.10	6.50	11.38
户均成本（美元）	120.5	93.1	87.5	38.5	219.1	111.74
信贷员管理客户数（个）	394	297	302	317	344	330
资产运营成本率（%）	10.10	11.20	21.50	12.00	8.00	12.56
资产资金成本率（%）	4.20	5.90	2.20	5.80	5.10	4.64
信贷资产收益率（%）	17.70	20.50	29.60	23.40	15.60	21.36
>30 天风险贷款率（%）	7.40	5.10	8.40	3.10	4.60	5.72
>90 天风险贷款率（%）	5.60	4.00	5.60	2.80	3.90	4.38

从 Mixmarket 的数据统计可以看出，占全球小额信贷行业主流地位的是商业银行和非银行金融机构，其资产占 85%（在 1996 年世

界银行一项调查报告中占78%），客户占67%。非政府组织小额信贷机构（资产占9%，客户占30%）与合作制金融机构（资产占5.6%，客户占2%）也发挥着积极作用，在覆盖深度和广度方面有突出表现，经营业绩也有较好的表现。

如今，小额信贷早已纳入微型金融和普惠金融体系框架下继续发展，全球小额信贷行业有几个发展趋势。一是越来越多的商业小额信贷机构从小额信贷业务的特殊规律出发，主动开展了社会绩效管理，加强客户保护与客户教育，努力承担着社会责任。二是成功的非政府组织小额信贷机构商业化改制成为必然选择。三是数字技术为小额信贷和普惠金融提供了有力的工具，被各类小额信贷机构普惠采用，数字普惠金融成为热点。四是新兴的影响力投资在小额信贷商业化和规模化发展过程中发挥了主要推动作用，且逐步模糊了商业和公益的界限，促使小额信贷双重目标和社会绩效管理被全行业普遍接受和运用。小额信贷行业正成为具有明确的可持续发展影响力的典型的社会创新行业。

国际小额信贷的经验促进了中国小额信贷实践的发展。1993年，中国社会科学院农村发展研究所最先在中国设立专业的非营利性小额信贷机构。随后，在国际组织的支持下，大量以扶贫为目标的非政府组织小额信贷机构建立起来，并取得了阶段性成功，直接推动我国政府在"八七扶贫攻坚计划"期间采用联保模式的小额信贷方式开展扶贫贴息贷款。非营利小额信贷在中国20余年来的发展，为扶贫开发以及农村金融的发展做出了重要贡献，为小额信贷行业和普惠金融发展积累了宝贵的经验。

但与庞大的未被满足的农村金融市场相比，中国小额信贷的发展严重滞后，落后于国际小额信贷发展水平。主要表现在几个方面：第一，我国还没有产生如格莱珉银行那样大规模的成功的小额信贷机构；第二，我国小额信贷行业还没有形成成熟的标准化的风险管理模式和经营模式；第三，我国也还没有形成针对小额信贷机构的有效的监管制度；第四，非营利性小额信贷机构始终没有得到政府和市场的广泛认可；第五，合作金融组织在中国依旧是空白。

尽管各国国情不同，但金融业务的发展有共同逻辑和规律，有一些带有共性的原则。他山之石，可以攻玉，我们应该汲取国际非营利小额信贷的发展经验。国内小额信贷行业存在的问题和争论，在国际上早就存在，很多问题经过实践和总结已经有了比较清晰的结论和解决方案，但中国没有将国际小额信贷行业的经验和研究结果及时介绍到国内。本报告将在梳理有关信息和观点的基础上，对国际上非政府组织小额信贷机构的发展情况进行述评。

（二）非政府小额信贷机构发展的背景

一般认为，当代主流的小额信贷模式和机构发端于20世纪70年代，其大背景是国际发展援助。在20世纪70年代至90年代初，减贫、满足基本需要和农村综合发展是那个时期的两大发展主题，国际发展援助出现了几个趋势。第一，人们对自上而下的"涓滴效应"失去耐心，发展的紧迫感促使自下而上的发展模式受到关注。第二，发展中国家通过国有农业发展银行等政策性金融机构开展的补贴模式金融的失效，促使发展援助机构和发展中国家进行反思，并将目光放在更可持续的金融模式创新上。第三，过去处于边缘的非政府组织因其在底层直接解决贫困问题而开始受到重视，成为发展援助的伙伴。在这样的背景下，针对贫困人群的小额信贷被实验和传播，非政府组织在其中起到先锋作用。

小额信贷起源于国际发展援助对小微企业的关注。在20世纪70年代初期，发展中型企业、小型企业和微型企业被认为是有效促进发展和解决贫困问题的途径，而金融服务是一个必要的手段，特别是向非常贫穷的人提供贷款引起了人们的兴趣。穷人从事的生产活动也被视为企业，因其比小企业更小，"微型企业"（micro-enterprise）一词应运而生，由此才产生了"小额信贷"（microcredit）和"微型金融"（microfinance）概念。下面方框1是按时间顺序罗列的20世纪70—90年代在国际发展领域出现的词汇。

方框1　国际发展援助领域有关词汇（1970—1990年）

Small and medium industry promotion（中小工业促进）

Small and medium enterprise promotion（中小企业促进）

Entrepreneurship training（企业家培训）

Business development（创业）

Small enterprise development（小企业创业）

Business training（创业培训）

> Business Advisory Services（创业咨询服务）
>
> Small and Medium enterprise credit（中小企业信贷）
>
> Microenterprise development（微型企业创业）
>
> Credit for micro enterprises（微型企业信贷）
>
> Micro credit（小额信贷）
>
> Minimalist credit (credit only, credit first)（极简信贷：信贷是唯一和优先手段）
>
> Microfinance（微型金融）
>
> Financial intermediation for/with the poor（针对穷人的金融中介）

在开展针对微型企业提供金融服务的初期，政策性金融机构、商业银行与合作社被看作主流机构，非政府组织并没有得到重视。甚至在20世纪80年代早期和中期，虽然一些非政府组织已经在开展小额信贷试验，但依旧没有被认可。当时有观点认为，向中小微企业提供有效融资是很困难的，有人提出三种可能的解决方案：第一，诱导现有机构这样从事小额信贷；第二，创建新型信贷机构；第三，继续由非正规金融提供解决方案。那时并没有人认为非政府组织是一种可能的新型贷款机构。

直到20世纪80年代中期，国际发展组织才开始考虑在支持中小企业的项目中发挥非政府组织的作用。国际劳工组织1986年中小企业促进会议报告提出：中小企业信贷不能依赖抵押，而信用贷款需要对客户有充分的了解，应该让非政府机构更直接地参与中小企业的推广工作，因为他们与中小企业关系密切，社区组织和非政府组织的工作人员往往可以对问题做出客观的判断。

与此同时，孟加拉国非政府组织的试验，特别是尤努斯教授建立的格莱珉银行和安信永（ACCION）等国际非政府组织在拉美地区的试验取得了巨大成功，让非政府组织在小额信贷领域的知名度越来越高。他们不仅开创了新的模式，建立了新型机构，更重要的是带来了新的理念，改变了政策性和商业性机构在为穷人服务时的施舍心态，让穷人成为金融服务的有效客户。

小企业发展援助机构委员会于1988年6月在华盛顿召开了一次国际会议，格莱珉银行的尤努斯教授在会上作了主旨发言。正是在那次会议上，非政府组织被认为是天生为穷人的微型企业提供信贷服务的机构，因为他们有为穷人服务的初衷，而且出身草根阶层，与穷人有更直接的联系。甚至有人在会上声称，银行和政府不可能有效地帮助穷人。也是在这次会议上，还产生了技术援助和信贷服务谁对微型企业更有效的争论，有人认为信贷是包治百病的灵丹妙药（singula intervention）。这次会议还强调了一个概念：专门的新型金融中介机构。[①] 非政府组织小额信贷机构正属于这种机构，从此登堂入室，正式进入国际小额信贷的大家庭。

非政府小额信贷机构的发展不仅是小额信贷行业发展的结果，

---

① Case Studies in Microfinance: Non-governmental organizations (NGOs), Tom Dichter, 1999.

其大背景是非政府组织在全球发展事业中地位的不断提升和加强。非政府组织最初在国际发展事务中只是接受委托承担工作的角色，现在已经日益发展成为与官方发展援助机构并驾齐驱的具有独立地位的庞大力量。

（三）非政府组织小额信贷机构的作用和面临的问题

1. 非政府小额信贷机构的作用

非政府小额信贷机构在20世纪80年代中期得到了国际社会的关注和认可，在之后的发展过程中不断展现其在小额信贷领域的特殊地位和商业小额信贷难以替代的作用。在讨论非政府组织小额信贷机构的作用时，需要先设定一个前提，即小额信贷是为社会最底层群体提供的金融服务，政府和国际发展机构推动小额信贷目的是让金融服务更加公平和普惠，有助于消除贫困。可将非政府小额信贷机构的作用主要体现在以下三个方面：

（1）是小额信贷市场拓荒者。正规的商业机构的金融服务是有边界的，受三个因素制约：监管制度、风险和回报。尤其是对商业银行来说，因其在风险和财务绩效方面接受严格的审慎监管，他们难以在风险和回报都不确定的市场开展业务。即便因为竞争压力而向下开拓市场，也是基于现有市场进行延伸，而不会进入完全陌生的市场。而非政府组织小额信贷机构往往不受这些约束。

第一，非政府组织具有强烈的社会责任，他们有意愿自下而上解决最困难群体的问题。第二，也因初衷是社会责任，因此可以不计个人得失从事创新，人力资源成本较低。第三，非政府小额信贷机构的出身一般是从事社区发展的草根组织，其工作直接贴近服务群体，了解服务对象需求和问题，创新过程务实，创新手段有效。第四，草根性也让非政府小额信贷机构的获客成本较低。第五，非政府小额信贷机构起步时资金来源大多是无偿捐赠，敢冒风险，不怕失败。第六，初期不受监管，没有对创新的外在约束。

2018年11月在卢森堡举办的欧洲微型金融周（EMW2018）上，二、三线城市小额信贷机构未来的发展成为关注的话题。负面的观点认为，非政府组织小额信贷机构难以持续，只能依靠政府和发展援助机构的补贴生存，规模也难以做大，无法真正解决大量贫困人口的可持续的金融服务的问题。但积极的和消极的双方均认为，小额信贷机构商业可持续的关键因素是经营规模和更低的资金成本，而一线城市的大型商业小额信贷机构更容易做到。小型的特别是非政府组织的小额信贷机构可以在为低收入群体提供非金融服务方面扮演关键的角色，他们还有一个独特作用是为一线小额信贷机构和商业银行培育客户。

（2）可为穷人提供更多、更好的服务。贫困有多种因素，缺少金融服务只是一个方面，消除贫困应从多方面采取措施，包括采用类似小额信贷的方式，通过市场手段解决这些问题。商业小额信贷机构会因追求专业化和受监管限制而只能在金融领域进行开拓，为穷人提供更优质的金融服务，难以兼顾服务对象的其他需求。

非政府组织小额信贷机构有三种类型：一是只从事与小额信贷

相关的业务，例如安信永国际（ACCION International）、机会国际（Opportunity International）等。二是以小额信贷为主，兼顾其他领域的服务，如计划国际（Plan International）、菲律宾的CARD等。三是广泛开展减贫领域项目，包括小额信贷领域，如世界宣明会（World Vission）、凯尔国际（CARE International）。

孟加拉国是非政府组织小额信贷最发达的国家，上述三类机构在该国都有。其中最大的三家小额信贷机构：格莱珉银行、孟加拉国农村促进委员会（BRAC）和孟加拉国社会进步协会（ASA）都在为贫困人口提供综合服务。格莱珉银行虽然不是非政府组织，但也是特殊的把减贫作为首要目标的非营利性金融机构。三个机构的共同特点都是以社会目标为宗旨，根据其服务对象的需要，开展多领域的创新与发展。格莱珉银行大家比较熟悉了，不再赘述。

BRAC据称是世界上最大的非政府组织，至少是孟加拉国最大的。其历史比格莱珉银行更加悠久，在国际上的知名度不亚于格莱珉银行，只是中国对其介绍不多。BRAC除直接开展公益慈善项目外，还投资开办了吸收穷人就业的农场、工厂和商场，雇工11万人。开办了为穷人提供教育的大学和医院，还开办了为穷人服务的信贷公司以及为小企业提供服务的BRAC银行，拥有600万以上小微客户。BRAC银行还投资成立了孟加拉国第一家移动支付公司。他们为穷人提供培训项目，每个客户在接受小额贷款之前都要先接受培训。他们甚至还给客户提供供应链服务，提供生产资料，并帮助客户解决销售问题。

与格莱珉银行不同的是，BRAC开办的所有商业机构都有十分明确的股权和治理结构，均由 BRAC 直接控股。BRAC 通过董事会进行决策，并通过分红获得回报。BRAC 相当于一个由非政府组织控股的事业集团，一些子公司是营利的，集团整体是非营利性质。

国际上有观点认为，如果一个非政府组织开展了小额信贷业务，应该在商业化后与非政府组织脱钩。BRAC 的实践证明，由非政府组织继续控制和支持小额信贷机构，不仅有利于小额信贷业务发展，更有利于为服务对象提供更全面的服务。BRAC 的年度预算达 10 亿美元，其中 70%—80% 来自旗下企业、大学、医疗机构及金融机构收入。他们用经济手段支持有生产能力的穷人，并用商业性项目获得收益补贴其公益项目，救济没有生产能力的人，建立了多层次的广谱减贫与可持续发展体系，他们认为这样效果更好。

（3）自觉规避竞争和过度负债。竞争是市场经济推崇的制度，在私营部门被认为是一件好事，但非政府组织在进入小额信贷领域时，它们的宗旨是为尚未得到满足的群体提供服务，而不是去争夺客户。这与麦当劳和汉堡王的策略不同，麦当劳和汉堡王会特意到对方的商圈开店，围绕同样的客户进行差异化竞争，但通过竞争降低了价格，为客户创造了价值。非政府组织一般不会在已经有其他机构提供服务的地区同样的客户群体中开展业务，会找未开垦的处女地去拓荒。这样可以避免在同一个地区和同样的客户群体中引起恶性竞争，产生过度负债现象。

但有实际情况表明，非政府组织也并非能始终贯彻其宗旨，也存在为了自己的生存而借用其他机构的市场的情况。在孟加拉国格莱珉银行、BRAC 和 ASA 在城市周边的一些村庄就在同时开展业务，部分地区客户重叠率超过20%。其实，过度负债的关键问题不是竞争，而是信息不对称和缺少行业自律和监管。从泛市场理论看，非政府组织也是一个市场，也存在竞争，通过竞争才能提供更好的社会服务，从而赢得捐助者的信任，淘汰那些低效的、浪费社会资源的机构。

2. 非政府组织小额信贷机构面临的问题

虽然非政府组织小额信贷机构在国际小额信贷领域具有不可替代的重要作用，但在发展过程中也面临着一系列挑战，存在很多争论和质疑。很多争论是针对整个小额信贷行业的，比如小额信贷并非解决贫困问题的灵丹妙药，其扶贫效果有限等。国际上针对非政府组织小额信贷机构的批评和质疑主要是规模和可持续性问题，认为非政府小贷机构虽然以消除贫困问题为目标，但其自身存在问题使它们难以承担此项重任。

（1）所有权和治理。非政府组织的治理与商业公司不同，主要区别是，商业公司有明确的所有权安排，是由投资人控制的，他们有强烈动机保护自己的私人财产；而非政府组织没有明确的所有权主体，只能依赖其治理主体的社会动机。代理理论认为所有权与控制权分离会产生代理成本。这些成本可以根据所有权的组织和治理方式最小化。根据这一理论，拥有财富激励的股份制机构更能降低代理成本，而在非政府组织这样没有所有者的非营利性组织中，代理成本更高。这种代理成本的差异可能会影响到小额信贷机构的可持续能力。

但是，大部分研究报告表明，在小额信贷领域里，所有权的差别并没有在股份制商业机构和非政府非营利机构的绩效之间造成明显的差异，无论是社会绩效还是财务绩效。这可能是因为有关研究都是基于机构自愿提交的报告，而愿意提交报告的机构都是绩效较好的，那些已经失败的机构被忽略了。尽管如此，普遍的观点认为，非政府机构以志愿方式提供服务的理事会成员难以尽心尽责地对机构进行治理，难以对需要偿还的外部融资负责，这是非政府小额信贷机构最大的问题，也是改制为股份制商业机构的理由之一。

（2）法律地位和监管环境。法律和监管环境对小额信贷机构有很大影响。被普遍接受的观点认为，穷人不仅需要信贷服务，更需要储蓄和保险等服务。一般来说，小组模式和村银行模式是比较适合穷人的信贷服务模式，这两种模式中都会涉及自愿或强制性储蓄。非政府组织小额信贷机构往往都会在客户范围内吸收存款，这不仅是因为客户的储蓄需要，也是机构重要的资金来源。

虽然各国的金融法律和监管制度不同，但一般倾向于对金融业务进行持牌管理，特别是对于涉及吸收储蓄业务的机构，而大部分国家的法律不允许非政府组织获得吸储牌照。拉丁美洲、南亚和东南亚部分国家调整了法律和制度，允许非政府组织和持牌金融公司在其客户范围内有限吸收储蓄，并有透明和平等地获得银行牌照的制度框架，便于小额信贷机构升级为银行机构。在非政府组织小额信贷最发达的孟加拉国，政府于2010年颁布的小额信贷监管规则允许非政府小额信贷机构按照规则吸收储蓄（见方框2）。一些国家即便允许非政府组织小额信贷机构吸收储蓄，对其杠杆率也有严格的限制，远低于普通商业银行。而大部分没有银行牌照的非政府组织小额信贷机构只能依赖捐赠和有限的半商业性的社会投资。

> **方框 2 孟加拉国非政府组织小额信贷机构储蓄业务规则**
>
> 孟加拉国非政府组织小额信贷机构监管规则将储蓄分为强制储蓄、自愿储蓄和定期储蓄三类。
>
> 1. 强制储蓄。须经同一城市的客户委员会同意并做书面记录，收取统一的利率。
>
> 2. 自愿储蓄。须在公开会议上以统一的比率向统一的客户收取。申请开展自愿储蓄的机构必须满足以下条件：
>
> （1）必须至少有 5 年从事小额信贷业务的经验；
>
> （2）应有过去 3 年经营业务盈利的书面证据；
>
> （3）过去 5 年累计贷款回收率必须在 95% 以上，当前贷款回收率必须在 90% 以上；
>
> （4）自愿储蓄总额不得超过本组织资本总额的 25%。
>
> 3. 定期储蓄。根据书面合同从客户处收取的定期存款。申请开展定期储蓄业务的机构必须满足以下条件：
>
> （1）必须至少有 10 年从事小额信贷业务的经验；
>
> （2）应当有过去 5 年有盈利经营业务的书面证据；

（3）过去10年累计的贷款回收率95%以上，当前贷款回收率90%以上；

（4）定期储蓄总额不得超过本组织总资本的25%。

规则规定，小额信贷机构的各类储蓄余额一般不超过任何时候本金贷款余额的80%。

（四）非政府组织小额信贷机构的商业化改制

1. 商业化改制的背景和原因

（1）内因是小额信贷使命的要求。非政府小额信贷机构之所以被国际广泛接受并得到支持，是因为它们提供了一种有效而可持续的减贫方式，减贫的使命要求其在深度和广度上不断发展。但非政府组织主要依赖政府和非政府的国际发展援助资金，非政府组织的法律地位和治理模式限制了其用于扩大覆盖面资金来源，因此需要改制为可以获得更广泛资金来源的正规金融机构，而银行是最好的选择。

（2）外因是法律和监管的要求。非政府小额信贷机构与合作金融机构不同，不是靠成员的资金开展互助式服务，外部的国际发展援助是主要资金来源。当国际发展援助无法继续提供更多后续资金的时候，只能通过公众储蓄和资本市场融资，必然要求按照法律和监管规则获得可以融资的金融牌照。

（3）小额信贷业务在财务绩效方面的成功赢得了国际金融机

构、社会影响力投资机构和商业资本的青睐。与国际发展援助机构协同工作的世界银行、泛美开发银行等国际金融机构受国际发展援助潮流影响，开始进入小额信贷领域。发端于20世纪90年代的社会影响力投资视同时具有社会影响力和商业回报的小额信贷为最佳投资领域之一。面对市场竞争的压力，商业金融机构也在小额信贷的发展中看到一个新的金融市场。这些金融机构的参与让小额信贷机构获得了第一批风险投资，让商业化改制成为可能。

（4）公共资源对小额信贷机构的投入降低了投资成本。商业化小额信贷机构有三种成立模式：非政府组织机构升级为商业金融机构、已有金融机构将业务下沉到小额信贷市场和投资新建商业小额信贷机构。通过投资将非政府机构升级的一个好处是，利用了前期国际援助等公共资源对小额信贷机构的投入，大大减少了机构建设与市场开拓初期的成本，缩短了投资回报周期。而这也成为对商业化改制的质疑问题之一，认为是私人投资占了公共资源的便宜，才吸引了商业资本的投入。

2. 商业化改制的利弊

（1）商业化改制的好处。第一，可以获得更广阔、更多样化的融资渠道（包括储蓄和发债），还可获得更高的融资杠杆，可以支持长期信贷规模的增长。特别是，储蓄可以减少债务的集中并降低了融资成本。而且，储蓄者成为机构的利益相关者，让小额信贷机构与当地建立起更深层次的关系。在许多成功的机构中，储蓄者的数量超过了贷款者。格莱珉银行的存款余额甚至大于贷款余额。

第二，可以向客户提供更多种类的金融服务（储蓄、小额保险、汇款），更有利于低收入家庭改善金融脆弱性，抵御风险或冲击。

第三，金融监管为风险管理、公司治理和加强内部控制提供了更好的环境和工具，弥补非政府组织在所有权方面的缺陷和避免可能的治理风险。

第四，通过扩大融资来源可以让小额信贷机构尽快实现规模效益，在实现商业可持续的同时显著地扩大服务覆盖面。

第五，改制最终会让客户受益。规模的扩大、成本的降低、服务的丰富和改善、引发的市场竞争，将以持续的方式不断降低市场利率并提升效率，从而造福于客户。

第六，改制成功的小额信贷机构将有上市机会，从资本市场获得更多的资源。而上市的成功又将刺激金融市场对小额信贷行业的投资，促进整个行业的发展。

（2）商业化改制的弊端。第一，需要付出满足监管的合规成本，包括研究、评估和尽调费用，获取牌照的咨询服务费，安保和基础设施所需的费用，为开展新业务而需要购置软件和硬件的费用，招聘新的管理人员和晋升老员工所需的人力资源费用，向监管机构提交报告的费用，以及监管机构制定的财务准则给财务管理带来的挑战，等等。

第二，改制过程将消耗大量的精力，可能会影响业务的开展。特别是当改制不如预计顺利时，可能会对机构产生负面影响。

第三，改制可能产生使命的偏离。在从非政府组织改制为股份制商业机构的过程中，原有机构的发起者和员工不仅要适应机构文化的转变，更会担心改制之后的商业机构会放弃社会目标，追求利润将是压倒一切的优先选择。如果这种担心成为社会舆论的焦点，不仅会影响改制的进程，还会影响机构的声誉。

第四，依赖商业化融资渠道同样存在风险。面临系统性金融危机时，小额信贷机构难以独善其身，特别是依靠批发资金的小额信贷机构，将受到较大冲击。

3. 成功的商业化改制的关键因素

（1）有利于小额信贷机构的监管制度和政策。监管者对小额信贷行业的理解很重要，有助于制定更适合小额信贷发展的制度。金融机构的准入制度应该透明且公平，这样可以降低改制的合规成本。

（2）非政府小额信贷机构具有改制的基础。只有成熟的和实现了财务可持续的机构才可考虑短期内的转型。只有具备强大的管理能力的机构才能应对转型带来的挑战，同时使管理得到快速、高质量的增长。

（3）主要利益相关方的一致承诺是成功转型的关键。理事会成员、管理人员和工作人员的支持对于应对转型带来的体制和技术挑战至关重要。因此，在小额信贷机构内部展开充分讨论，就改制的好处和改制的战略达成广泛共识是非常重要的。

（4）需要高水平的顾问团队。非政府小额信贷机构缺少商业领域的经验和人才，有必要聘请顾问团队进行评估，并提出改制计划和战略。顾问团队的业务工作质量和引导机构就战略计划达成共识的能力将对改革的成功产生相当大的影响。而且，顾问团队还能协助小额信贷机构在改制实施过程中应对各种挑战,如新金融产品的设计和试点,以及在更大范围开展市场营销的策略。

(5)股权结构与董事会席位安排。这是改制至关重要的因素,而且对小额信贷机构在改制后是否会偏离目标产生影响。非政府小额信贷机构往往希望通过获得控股地位保持对机构决策权的控制,确保目标不发生偏离。而商业投资机构也希望通过控股获得决策权,以保证投资者的利益。要平衡社会目标与营利目标,关键在于投资者与小额信贷机构之间充分地沟通和理解。当然,吸收具有社会目标的社会影响力投资机构和政策性金融机构的参与是最佳选择,有助于平衡非政府机构和商业投资机构之间的诉求。董事会为保护少数股东的权利,可以设立独立董事,并设立监事会。

(6)未来规划和新机构管理体系的开发。为保证改制后的机构能在新的环境下顺利过渡并开展业务,需要在设计改制方案的同时着手制定新机构的管理制度和内控体系,包括:

战略规划。制定适当的增长战略,金融产品开发计划及其推出顺序,并制定与之相应的财务预测等。

新的风控制度。包括设立风险管理部门,需要新的风险管理框架,以符合监管机构的要求。

财务管理。为新业务涉及财务管理制度,因新的资金来源而需要加强流动性管理的能力。

融资管理。非政府小额信贷机构侧重的是资产端的管理,随着资金来源的复杂化,需要加强筹资能力和负债管理能力。如果改制为银行,将需要重组分支机构,以满足储户的需要,并针对储户设计新的营销策略。

内部控制。为适应资产增长带来的规模经济,小额信贷机构应精简其业务流程,并建立更健全的内部控制机制,提高管理效率。

管理信息系统。需要投入大量资源来改进其硬件和操作平台,以支持新的金融产品（如储蓄）,并适应业务的快速增长。

二 中国非营利性小额信贷的产生与发展

（一）非营利性小额信贷组织产生的背景

中国政府自20世纪80年代开展有组织、有计划、大规模的农村扶贫开发，信贷扶贫自此一直是扶贫开发工作的重要举措。扶贫信贷资金开始于1986年，目的是支持全国重点贫困县开发经济、发展生产，解决群众的温饱问题。

中国社会科学院农村发展研究所（以下简称"农发所"）的一些科研人员也致力于贫困问题研究。在研究过程中，我们认为长期困扰我国的信贷扶贫工作而不得解决的顽疾至少有三个：一是扶贫信贷很难直接到贫困群众手中；二是不管是谁获得扶贫贷款，还贷率都不高；三是发放扶贫贷款的机构都需要依赖政府财政或外部资金补贴才能运行，没有可持续自负盈亏运作的意愿和能力。国务院扶贫办的同志在谈扶贫信贷资金管理存在的问题时，表达了类似的意见，①认为从扶贫工作的角度看，扶贫资金到户难；从经营银行的角度看，扶贫资金的资产质量比较差；从国家财政的角度看，大量支出看不到效果；从贫困农户的角度看，申请扶贫信贷资金难度很大。

农发所一些研究贫困问题的学者在与国内外同行交流和看到的资料中，也注意到国际小额信贷的信贷扶贫的种种做法、模式和经验，如拉美一些国家的"村银行"（Village Banking）模式，印度及东南亚一些国家"银行＋妇女合作小组"模式、印度尼西亚国有控股银行"人民银行农村信贷部"（BRI－DU）的小微企业和农户信贷模式，玻利维亚的"阳光银行/团结银行"的弱势群体的信贷模式，等等。在种种模式中，我们从20世纪80年代起就特别关注和跟踪孟加拉国"乡村银行"或称"格莱珉银行"（Grameen Bank，以下简称"乡村银行"）的扶贫小额信贷模式，因为从信贷扶贫的目标对象和机构可持续以持久提供农村贫困群体金融服务的视角，它已有效地解决了上述我们所观察到而又长期难以解决的我国信贷扶贫工作中的三个顽疾。

在这里我们再讨论乡村银行是一家什么样的银行，有人质疑它没有真正做到保本微利和可持续发展。因为它早期接受了大量国外捐助，捐助额超过了其赢利额。但这实际上是前期的情况，后来局面就完全改变了。它在20世纪90年代开始拒绝接受捐助和软（低

---

① 刘福合、苏国霞：《扶贫信贷资金的历史、现状和未来》，载《中国小额信贷十年》，社会科学文献出版社2005年版，第25—26页。

息）贷款，已实现真正的保本微利和财务上的可持续，它既无补贴和亏损，也不追求高利润，真正实现了社会企业的宗旨和目标，部分利润用于借贷客户为主的股东分红（它现在股东的75%为借贷中低收入和贫困客户，而且每个股东的股份是相同的，另外25%为政府股份，在银行设立初期政府占大股），而包括尤努斯在内的所有银行工作人员只是雇员，没有任何股份，只领取工作薪酬，真正在乡村银行内实现了人民是主人，员工是公仆"理想社会"的追求。而且乡村银行是一个真正名副其实政府政策支持下的专为穷人服务的合作金融机构。

再看看20世纪90年代初我国政府扶贫贴息贷款的使用情况。当时贷款主要提供给企业。再由企业吸收贫困户就业，但扶贫效果并不理想，扶贫资金和效益难以到户。这是摆在政府和学者面前的一道难题，国务院扶贫办同志的调研报告认为，[①] 扶贫贷款支持龙头企业带动贫困农户存在的问题主要有：一是没有解决目标瞄准问题，真正的贫困农户很难或较难受益。二是资金效率低效益差。直接到户的贷款3000元左右即可帮助一个农户解决温饱，增加收入，而企业带动的平均费用要高出许多倍。例如，内蒙古"龙头企业+农户"提高收益，人均投资需约8000元，安徽规定"企业+贫困农户就业"，可以得到10万元贷款。

[①] 刘福合、苏国霞：《扶贫信贷资金的历史、现状和未来》，载《中国小额信贷十年》，社会科学文献出版社2005年版，第33页。

而且政府与农行开展的扶贫贴息贷款的不良率过高。① 截至 2002 年年底，农行扶贫信贷资金中不良贷款余额 344 亿元，占比高达 38%，其中到户的不良贷款比例为 60%。1998—2000 年，江西省到期扶贫贷款总额为 13 亿元，按期回收额 1.2 亿元，还款率只有 9%。

（二）公益/非营利性小额信贷组织的发展历程

我国与国际现代规范小额信贷接轨、系统建立起较完整的小额信贷制度的专门机构始于 20 世纪 90 年代中前期，也就是中国社会科学院农村发展研究所于 1993 年引入了孟加拉国格莱珉银行模式，在河北省国家级贫困县易县作为试点开始。虽然在 20 世纪 80 年代至 90 年代初，一些国际多边和双边援助机构在我国从事扶贫项目中也使用过一些信贷扶贫手段，但都是非典型的小额信贷，而只是运用了小额信贷的某些广泛做法。新中国成立之初的农村信用社也为农民提供小额信贷，但后来随着追求商业的目标，越来越远离弱势农户。我国公益性制度主义小额信贷的主体绝大多数是借鉴学习 20 世纪 70 年代孟加拉国格莱珉银行前身的扶贫小额信贷试点及后来乡村银行不断创新发展的模式。当然国际上成功的可持续发展的小额信贷模式还有其他不同类型，但从扶贫和最体现"问题导向"解决当时我国信贷扶贫中存在的问题的视角看，乡村银行有更好的针对

---

① 刘福合、苏国霞：《扶贫信贷资金的历史、现状和未来》，载《中国小额信贷十年》，社会科学文献出版社 2005 年版，第 25 页。

性、系统性、有效性。

1993年,中国社会科学院农村发展研究所课题组首先将与国际规范接轨的孟加拉国"乡村银行"(格莱珉银行Grameen Bank,GB)小额信贷模式引入了中国,首先在河北省易县开展试点,成立了"扶贫经济合作社"。随后又在河南省虞城县和南召县、陕西省丹凤县和河北省涞水县,以及四川省金堂县(委托四川省扶贫办培训中心管理)建立了以孟加拉国格莱珉银行的小额信贷为借鉴的贷款模式的"扶贫经济合作社"(以下简称"扶贫社")小额信贷项目试点。1995年开始,联合国开发计划署(UNDP)和中国国际经济技术交流中心先后在全国17个省48个县(市)试点以扶贫等为目标的小额信贷项目。1996年中国西部人力资源开发中心/中国扶贫基金会开展了两个世界银行秦巴扶贫项目小额信贷试点项目,发展到今天中国扶贫基金会与其他国内外股东运营管理的约300个县的以服务中低收入和贫困农户为目标的小额信贷项目。之后,陆续产生了主要在中西部农村贫困和欠发达地区开展的、以外援资金为主,包括部分国内政府和民间资金,由社会组织/民间组织或政府项目办管理的扶贫小额信贷项目。

然而,公益性制度主义小额信贷组织的资金来源较单一、数量小,而且不稳定。根据中国小额信贷发展促进网络[1]提供的40多个成员组织的数据,初始资金71.7%源于国际援助,作为配套资金,

---

[1] 现已经更名为"中国小额信贷联盟"。杜晓山等:《中国公益性小额信贷》,社会科学文献出版社2008年版。

政府投入占19.6%，社会捐赠占6.5%，商业资金占2.2%。到2005年，这些机构的资金结构显示，对国际机构援助的依赖程度几乎没有变化，仍占70%，社会捐赠占的比重增加到10.6%，政府投入的比率下降，为12.8%，负债从无到有，比重达4.3%（杜晓山等，2008）。即使到目前，相当一部分公益性小额信贷机构资金仍主要来源于捐赠资金、银行批发贷款和少量的政府扶贫资金。而2005年后，国际援助资金逐渐减少，加剧了公益性小额信贷机构的经营困难。

我国农村资金互助社实际上与国内外原来就存在的"村基金"类型的小额信贷机构相似（属于社会组织开展的"公益性小额信贷组织"中的一种分类型，例如在20世纪90年代后期贵州省威宁县草海自然保护区就建立了70多个村级资金互助社/村基金项目），只是银监会允许合乎条件的50个机构注册。从2006年开始至今，国务院扶贫办在约2万个贫困村也开展了建立"村级发展互助资金"试点工作。本研究讨论的公益小额信贷不包括资金互助社类型的组织形式。

截至2001年，我国非政府小额信贷的机构和项目发展的情况如表2所示。

表2中几个有代表性的由不同发起和运营机构运作的公益性制度主义小额信贷组织的发展状况如下。

1. 中国社会科学院扶贫经济合作社小额信贷扶贫项目

扶贫经济合作社（以下简称"扶贫社"）小额信贷扶贫项目是中国社会科学院农村发展研究所在1993年开始实施的一项"行动—研

表2　　中国早期小额信贷项目基本情况（截至2001年）

	小额信贷项目/机构	开始年份(年)	项目县数(个)	管理机构
国际多边机构捐赠项目	联合国开发计划署（UNDP）	1995	48	中国国际经济技术交流中心
	联合国儿童基金会，其中：			中华全国妇女联合会
	SPPA项目	1996	25	
	LPAC项目	2001	43	
	联合国人口基金会	1999	15	
	世界银行秦巴扶贫项目小额信贷试点项目	1996	2	中国西部人力资源开发中心/中国扶贫基金会
	国际农业发展基金	1980	95	
	国际劳工组织	1997	8	劳动部
双边捐赠项目	澳大利亚发展署	1995	3	青海海东农行
	德国技术合作公司（GTZ）	1997	3	江西山江湖委员会
	国际非政府组织	开始年份(年)	项目县数(个)	管理机构
香港乐施会	香港世界宣明会			
	国际鹤类组织	1994	1	贵州草海管理局
	国际小母牛项目			
	国际计划	2001	5	地方妇联
	国内非政府组织	开始年份(年)	项目县数(个)	管理机构
	中国社会科学院扶贫经济合作社	1993	4	中国社会科学院农村发展研究所课题组
	幸福工程——救助贫困母亲行动	1995	57	中国人口福利基金会、中国计划生育协会
	母亲小额循环贷款项目	1996		中华全国妇女联合会
	山西临县小额贷款	1993	1	北京富平学校
	中国扶贫基金会	1996	8	中国扶贫基金会小额信贷项目部

续表

国内非政府组织	开始年份(年)	项目县数(个)	管理机构
爱德基金会	1996	1	盐池县沙地资源开发协会/盐池县妇女发展协会

注：世界银行秦巴扶贫项目的小额信贷试点项目最初由中国西部人力资源中心负责管理，2000年由中国扶贫基金会接手管理。

资料来源：程恩江、徐忠：《中国小额信贷发展报告》，《财经》2006年第10期。转引自吴国宝《小额信贷在中国》，中国财政经济出版社2013年版。

究计划"。1993—1994年为项目筹备阶段，1994年5月正式向第一批30户先后发放了贷款。

扶贫社课题组由一批从事贫困问题和农村发展的研究人员组成。在长期的调查和研究中，课题组的学者发现，尽管中国政府自20世纪80年代开始开展大规模扶贫工作以来，从政策、制度与组织形式上进行了卓有成效的工作，取得了重大成就。但在1994年时，扶贫工作中以下问题仍很突出：以区域发展为主要目标，以项目（经济实体或能人）带穷人的贴息贷款政策，从实践效果看，与实现2000年基本解决我国农村贫困人群温饱问题的要求不相适应，有必要在扶贫方针和资金使用方向上作必要调整，加大扶贫资金直接到户的力度。

课题组首次在中国正式引进和使用小额贷款这一概念，借鉴孟加拉国乡村银行小额信贷扶贫项目的成功经验，并按照与国际接轨的模式运作，试图探索解决中国扶贫工作（扶贫资金使用）中现实难题，可归纳为三个目标的实现：探索解决贫困农户获贷难、还款难和运作扶贫贷款机构自身独立生存难的困境。

1994年年初至1995年11月，扶贫社小额信贷项目与当地政府达成协议，分别在河北省易县和河南省虞城县及南召县民政局注册为社团组织，建立起三个县级扶贫社，使项目快速且有效率地运作起来。双方协议中的一项重要原则是"政府支持但不干预"。贷款有效且稳妥地到达真正贫困户手中，同时保证高还贷率。与此同时，扶贫社项目注重组织建设、完善各项规章制度和加强管理，强调实现财务自立和持续性目标。扶贫社的资金来源主要是孟加拉国格莱珉银行信托基金低息贷款、杨麟先生本人和他拉来的捐款、福特基金会等资助款。

试点项目的宗旨和目标：扶贫社项目的宗旨是通过提供信贷服务，改善贫困农户特别是贫困妇女的经济状况和社会地位。以有效的方法提供适宜的产品和服务，为中国的小额信贷领域提供可借鉴的经验。逐步增强小额贷款机构的能力，使之成为一个具有持续性发展的为弱势和贫困群体提供小额贷款的组织。

中长期目标：帮助贫困妇女；实现相当规模；保持高按时还款率；实现金融自负盈亏；为中国其他的小额信贷项目提供样板和借鉴，为政府的政策提供建议。

短期目标（1994年项目执行初期的具体目标）规模：在3—5年内建立3个县的县级营业所，每个营业所发展1500名成员；还款：还款率95%—98%；持续性：营业所在3—5年内实现操作的自负盈亏。课题组研究任务：通过试验，探索小额信贷在中国扶贫工作中的可行性和有效性。

到1997年年底扶贫社已经按时或提前实现了1994年项目初期

的目标。3个县扶贫社分别都发展了1500名以上的客户,且实现了操作自负盈亏,1998年扶贫社开始扩展项目规模。1999年扶贫社项目开展制定了新目标,进一步巩固已有成果并提高机构素质和扩大项目规模。扶贫社小额信贷项目采用民间机构专职化的形式运作。专职工作人员绝大多数是从社会上公开招聘的。

扶贫社从管理角度可分为三个层次:总部、县扶贫社、基层扶贫分社。扶贫社北京总部,行政上隶属中国社会科学院农村发展研究所,由挂靠农村发展研究所的中国社会科学院贫困问题研究中心运作,总部负责扶贫社项目的设计、筹资、内部管理和控制、培训、监督等各项业务工作。

各县扶贫社为在各项目县民政部门注册的独立社团法人,所在县政府承担支持和协助管理项目的责任,以利扶贫社能沿着正确的轨道顺利发展,但不干预和插手项目的具体事务。

扶贫社业务上接受总部的指导、监督和领导。扶贫社初期聘任县政府干部为专职主任(后来有的县则由社会招聘人士担任),工作人员全部是社会招聘和专职的。扶贫社在初期阶段设县社,后来规模扩大后设县社和基层社两级,县社在主任的领导下,负责本地区的业务开展;基层社主要指导社员小组和中心的组成,参加中心周会,监督贷款的执行、回收及处罚等事宜。

扶贫社的合法地位问题。初期与地方政府签订协议,政府支持试点工作,并在县民政局注册为社团法人。从1999年起,中国社会科学院向国务院提交报告,国务院、中国人民银行和国务院扶贫办批准中国社会科学院贫困问题研究中心开展小额信贷扶贫试验。

2004年，经北京市民政局批准成立北京市农发扶贫基金会，顶替中国社会科学院贫困问题研究中心开展小额信贷扶贫试验。

合法性曾一度是困扰扶贫社扩展的障碍。中国社会科学院扶贫社以行动研究项目的形式、利用国外资金进行的中国第一个小额信贷试点，试点项目多次得到国务院有关领导人的认可和肯定。随着项目规模的扩大，其金融扶贫服务的性质需要得到中国人民银行和国家有关部门的认可。为解决扶贫社的合法性，1999年中国社会科学院向国务院办公厅、中国人民银行和国务院扶贫办呈报《关于建立中国社会科学院小额信贷扶贫科研试验基地的请示》，得到了批准。国务院的批复：同意按目前方式继续开展小额信贷扶贫试验，有关业务接受中国人民银行和有关政府部门的监督指导。中国人民银行的复函是：国家有关法律、法规规定：未经中国人民银行批准，任何单位和个人不得从事金融业务。为发挥社会科学领域探讨科技扶贫新方式的作用，中国人民银行总行同意中国社会科学院试验基地按目前方式继续试验。国务院扶贫办批复的总体意见是："……为进一步探索小额信贷在实践中的运行与发展问题，特别是研究小额信贷及其运作管理组织的可持续发展问题，我办同意你院按现有方式继续试验……"

扶贫社项目，除了转交给陕西省丹凤县政府部门管理的项目几年后停办了外，基本都实现了项目试点的目标：服务于贫困地区农村中低收入和贫困群体并实现机构自身的保本微利和可持续发展。然而，由于后续发展中存在资本金不足、管理制度不健全、监管缺失等诸多问题，为了扶贫社的长期可持续发展，又由于中国社会科学院农村发展研究所课题组和中和农信双方对小额信贷理念的理解以及宗旨的一致性，课题组决定与中和农信合作，在2013年前后将原来由其直接管理的部分扶贫经济合作社交由中和农信管理，发挥中和农信在经营管理、资金规模等方面的优势，以更好地促进扶贫社的可持续发展。对其他不愿意转交到中和农信管理的基层县项目机构则按中国人民银行总行要求，交由当地政府相关部门监管。

2. 联合国开发计划署（以下简称"UNDP"）/商务部交流中心扶贫小额信贷项目[①]

（1）项目试点阶段（1995—2000年）。1993—2000年，商务部中国国际经济技术交流中心（以下简称"交流中心"）作为项目执行机构与UNDP合作，通过一个"伞"形的"扶贫发展方案"在全国17个省和自治区的48个贫困县开展了综合扶贫项目，其中包括扶贫小额信贷的试点内容。2000年又在天津市开展了城市下岗女工小额信贷试点。到2000年，UNDP扶贫项目总投入1994万美元，其中小额信贷循环资金投入约7000万元人民币，直接扶持超过9万个贫困农户。

因中国社会科学院农村发展研究所在河北易县开展的孟加拉国格莱珉银行的小额信贷模式（以下简称"GB模式"）试点获得成功，并得到中央领导肯定，UNDP项目从1995年开始统一按照GB模式开展小额信贷试点，以妇女为主要对象，提供小额联保贷款。

[①] 白澄宇：《联合国开发计划署援建小额信贷项目发展历程》，载《从小额信贷到普惠金融——中国小额信贷发展二十五周年回顾与展望纪念文集》，中国社会科学出版社2018年版。

项目分别在省级和县级建立了项目管理办公室，负责项目实施的具体管理运营。在48个县中，有10个县是与科技部合作开展的扶贫项目，由科技部成立的项目管理办公室负责监管，交流中心没有直接参与管理。

为支持交流中心开展小额信贷管理，UNDP于1996年设立了扶贫方案支持项目（CPR/96/201），该项目于1997年由交流中心派人牵头组建了小额信贷管理团队——扶贫项目支持与协调办公室（以下简称"SCO"），编制了统一的小额信贷管理手册和电算化的管理信息系统。

（2）项目巩固阶段（2001—2005年）。2000年，交流中心和UNDP决定继续加强对小额信贷试点的管理，促进小额信贷在中国的推广。为此设立了两个项目。一是综合扶贫项目（CPR/01/201），其中包括小额信贷子项目，内容是通过SCO继续管理UNDP小额信贷项目机构，并为其提供技术支持。二是可持续小额信贷扶贫（SMAP）（CPR/01/210），内容是在原有小额信贷机构中挑选出4个最优秀的机构（赤峰、定西、仪陇、兴仁）进行重点支持，希望将其打造成为大规模和可持续的小额信贷机构。

为解决UNDP小额信贷项目试点的小额信贷经营的合法性问题，交流中心于2000年通过商务部给中国人民银行和国务院扶贫办去函，就"继续开展UNDP小额信贷试点问题"征求意见，均得到对方支持。中国人民银行在回复中同意UNDP项目试点地区继续开展小额信贷业务，相当于提供了特许经营权。因项目结束后项目办不能长期存在，各县项目办陆续改制为在当地民政部门注册的社团组织。

（3）项目后续发展阶段（2005年至今）。2005年至今依然维持了由SCO对小额信贷机构进行管理的方式。

为解决项目建立的非营利性小额信贷机构的可持续发展问题，交流中心在2008年曾经提出通过建立资产管理公司对小额信贷机构进行改造，升级为小额贷款公司。因其内部愿意，此项计划未能实施。基于这个策略，交流中心帮助天津市和湖南湘西州小额信贷机构参与成立了小额贷款公司，通过小额贷款公司继续开展业务。

2018年，UNDP与交流中心在小额信贷机构后续发展问题上最终达成共识，决定对小额信贷机构进行"脱钩"，聘请专家对小额信贷机构进行评估，针对不同机构的具体情况制定后续发展方案，然后将小额信贷循环资金的产权移交给小额信贷机构。UNDP和交流中心将为愿意参与改制的机构提供技术支持。

3. 中和农信从小额信贷项目到小微金融机构[①]

（1）1996—1999年模式探索。1996年，外资中心实施的世界银行贷款秦巴山区扶贫项目启动，其中包括在四川阆中和陕西安康试点的小额信贷分项目。当时，孟加拉国尤努斯教授创立的乡村银行模式（GB模式）正风靡全国，不少贫困地区都在试点与推广。

秦巴扶贫项目是世界银行支持中国进行贫困社区综合开发的第二期项目，其主要特征是在秦巴山区选择26个贫困县中的特困村，

---

① 刘冬文：《从小额信贷项目到小微金融机构》，载《从小额信贷到普惠金融——中国小额信贷发展二十五周年回顾与展望纪念文集》，中国社会科学出版社2018年版。

同时进行基础设施、教育卫生、种养殖业、劳务输出、乡镇企业等多方面的综合性一体化开发。在这个大项目中，安排了四川阆中和陕西安康两个县级市进行小额信贷试点，资金规划的总规模为400万美元（每个县200万美元，其中世界银行投入100万美元，地方政府配套100万美元）。项目的目的是通过小额信贷方式，帮助贫困农户发展产业，增加收入，提高能力。此外，该项目也是为开展农村小额信贷业务摸索经验，探索路子，待成功后向更多贫困地区推广。

（2）2000—2004年初步扩张。2000年，经国务院扶贫办和世界银行批准，中国扶贫基金会全面接管上述小额信贷项目，并组建小额信贷项目部。2001年，国务院扶贫办发文批准基金会在更多贫困县开展小额信贷扶贫试点。此后，基金会先后在10个县开展了小额信贷项目。

受当时的政策限制，基金会不能在地方设立下属机构。因此，基金会只能和地方扶贫办合作，由扶贫办在当地注册一个社团机构作为小额信贷操作机构，并交由基金会具体管理。这种体制导致出现了双重管理，县级操作机构会同时接受来自基金会和地方扶贫办的双重指令，导致政令不畅，管理失效，难以保证县级机构的持续稳健发展。2004年年底，基金会只剩下了4个小额信贷项目县。

（3）2005—2008年改制转型。2004年下半年，国家出台新的《基金会管理条例》，允许基金会成立下属机构。此时，基金会领导果断地决定对小额信贷项目进行改制转型。最大的改变就是由基金会直接在县里注册成立直属机构，并以此作为小额信贷项目的县级实施机构。这种改制，从根本上解决了县级机构双重管理的问题，使基金会在小额信贷项目上的责权利得到统一。2005年6月，基金会在辽宁省康平县成立第一家直属小额信贷分支机构。2005年9月，原来的四家老分支机构也改制成为基金会的直属机构。

此外，基金会小额信贷项目先后从国家开发银行和渣打银行获得批发贷款支持，改变了过去完全依赖捐赠或政府资金的局面。截至2008年年底，基金会的小额信贷业务覆盖17个县，贷款余额1亿元。

（4）2009年以后独立运行。随着基金会小额信贷项目的规模越来越大，也已经实现了业务的自我可持续运营，基金会觉得将小额信贷部独立出来的时机已经成熟。

2008年11月18日，基金会将小额信贷部独立为中和农信项目管理有限公司（以下简称"中和农信"），下辖17个县级分支机构，贷款本金1亿元。自2009年起，中和农信公司开始独立经营，独立核算，实现了由项目型小额信贷向机构型小额信贷的转变。2010年6月，红杉资本和IFC入股中和农信。2016年年底，蚂蚁金服和天天向上基金入股中和农信。通过这些新股东的加入，使中和农信的治理结构更加合理，融资渠道更加多元，技术能力更加先进，公司业务得到长足发展。

截至2018年12月底，中和农信公司的小额信贷业务共涉及20个省313个县，其中64%是国家或省级贫困县（2015年贫困县占比为83%）。公司现有员工4970多人，其中90%是县及以下工作人员，大部分来自当地农村。自基金会实施小额信贷项目以来，累计发放贷款250万笔，407亿元。目前，现有贷款余额90亿元，贷款客户36万户。平均单笔贷款2.5万元，逾期30天以上的风险贷款率为0.9%。至此，中和农信已成为国内最大的农村小额信贷机构。

4. 重庆市开州区民丰互助合作会小额信贷①

1997年，全国推广孟加拉国格莱珉银行GB信贷扶贫模式，重庆市扶贫领导小组批准将开县作为首个试点县。开县扶贫开发公司负责人作为自然人发起，在开县民政局登记注册成立开县开发扶贫社，承担开县扶贫开发公司农户小额信贷扶贫工作，其业务主管部门为开县扶贫办。

2001年，中国扶贫基金会选定开县开展农村小额信贷扶贫试点，开县开发扶贫社负责人作为自然人发起，在开县民政局登记注册成立开县农户自立能力建设支持性服务社，承接开县开发扶贫社所有业务。

2003年，中国扶贫基金会支持力度开始弱化，一直合作运行到2006年，开县农户自立能力建设支持性服务社与中国扶贫基金会脱钩。同时，2006年以后，重庆市扶贫办、财政局停止发放对全市小额信贷机构的财政经费补贴，全市30多家类似组织由于缺乏工作经费而停止运行并陆续关停。

2008年，开县农户自立能力建设支持性服务社由于经费困难、

---

① 钱峰：《不忘宗旨创新发展》，载《从小额信贷到普惠金融——中国小额信贷发展二十五周年回顾与展望纪念文集》，中国社会科学出版社2018年版。

亏损较大，也面临停止运行的局面。为谋求稳定和发展，经股权改革将开县农户自立能力建设支持性服务社更名为开县民丰互助合作会。2016年，开县撤县设区更名为重庆市开州区民丰互助合作会。

2008年8月，由47名员工共出资76万元作为注册资本金在民政登记注册，同时将开县农户自立能力建设支持性服务社更名为开县民丰互助合作会。股权改革让员工成为股东，员工工作积极性高涨，内部管理及经营走上正轨。改制后，随着信贷规模逐年增大，合作会先后多次面向社会增资扩股，目前，共有股东200人，注册资本金5000多万元。

2009年，合作会通过"推行会员制，开展资金互助"。其具体做法是：符合条件的农户由1名当家理财人提出申请，缴纳100—2000元身份会费办理会员证成为合作会会员。会员可按缴纳身份会费1∶50放大向合作会申请贷款，会员多余的闲散资金可自愿缴入合作会作为互助金，并在会员间开展资金互助。吸纳的互助金以所在乡镇分会为考核单位，70%投放到所属乡镇分会会员，其余30%交总会作为备付金。对会员缴纳的互助金及身份会费，合作会按照银行同期同档次存款利率标准支付资金占用费，并可享有合作会收益奖励，存入互助金的会员不承担经营风险。目前，会员会费及互助金达到3.5亿多元。会员会费及互助金成为合作会信贷资金的主要来源，很好地解决了小额信贷资金规模小、后续资金不足的问题。会员会费及互助金通过合作会这个平台支持了分会辖区内其他会员的发展，缴纳会费及互助金的会员能获得资金占用费和奖励收益。会员制和资金互助的推行，增强了合作会与会员、会员与会员的互助合作关系，实现了共赢。

目前，合作会总资产47145万元，其中所有者权益8587万元（含实收资本和资本公积6129万元），资产负债率为81.8%，资产回报率为3%，净资产收益率为11%。现有员工126人，下设19个乡（镇）分会（25个营业网点）、515个社级农户自治中心，可为近23万农户、80万农民提供小额金融服务。合作会现有会员35057户，贷款余额35633.36万元、6560户（其中，农户会员贷款21827.15万元、6070户，占比分别为61.25%和92.5%；小微企业贷款13806.21万元、490户占比分别为38.7%和7.5%）。逾期率和不良率分别为2.62%和1.45%。

5. 从非政府组织到宁夏东方惠民小额贷款股份有限公司[①]

宁夏东方惠民小额贷款股份有限公司（以下简称"惠民公司"）是国内第一家由NGO改制为小额信贷公司的机构，成立于2008年年底，其发展经历：

第一阶段（1996—1999年）：探索阶段。以政府性质的项目办公室为操作主体。在爱德基金会资助的"盐池县爱德治沙与社区综合发展项目"基础上，成立盐池县政府外援项目办公室，按照一次借贷2000元，以6%的年化利息，两年分四次还清，在盐池县路记梁村、井沟、沙边子村等少数几个自然村实施，放款额度只有6万元。

[①] 龙治普：《中国公益小额信贷的实践探索》，载《从小额信贷到普惠金融——中国小额信贷发展二十五周年回顾与展望纪念文集》，中国社会科学出版社2018年版。

第二阶段（2000—2004年7月）：模式基本框架形成，操作主体为社团组织——协会。1999年年底，在爱德基金会、中国农业大学、中国小额信贷发展促进网络（现为中国小额信贷联盟）支持下，成立了社团组织盐池县妇女发展协会，学习孟加拉国格莱珉银行模式，形成了盐池县小额信贷模式基本框架。截至2004年，有效贷款客户达1506户，贷款余额为286.15万元。

第三阶段（2004年8月至2008年10月）：推广复制。2004年8月成立民办非企业单位——盐池县小额信贷服务中心，管理项目。2007年，通过宁夏回族自治区金融办协调，服务中心通过政府平台从国家开发银行宁夏分行得到1000万元贷款支持，机构进入了快速推广阶段。截至2008年10月，服务中心有效贷款客户达3000户，贷款余额为1500万元。

第四阶段（2008年10月至今）：业务快速发展。2008年10月，由盐池县妇女发展协会（爱德基金会提供资助）、宁夏扶贫与环境改造中心（嘉道理基金会提供资助）两家NGO发起，吸收宁夏绿海公司、宁夏众工电器公司两家企业参股，组建了股份制企业——宁夏东方惠民小额贷款有限责任公司。2009年3月业务扩展至同心县。2015年，国有企业东方邦信资本管理有限公司参股，并启动上市计划，公司更名为宁夏东方惠民小额贷款股份有限公司（以下简称"东方惠民"），业务拓展至宁夏南部山区的其他7个贫困县。在2017年通过与兰州邦信公司合作，在甘肃省和政县成立了和政子公司，业务向六盘山贫困片区的其他地区拓展。

至2018年7月底，东方惠民总资产达到5.6亿元，建成分支机构8家，子公司3家。员工人数达到220余人；公司贷款规模达到5亿元，有效贷款客户数24400人，其中女性客户占97%，户均贷款额度2万元，贷款回收率始终保持在99.5%左右。

东方惠民经历了政府办公室、社会团体、民办非企业单位、企业四种机构形式，进一步的发展目标是打造中国一流的乡村银行。其发展几乎经历了国内所有小额信贷的机构形式。从目前的情况看，改制是成功的，一方面，实现了微利基础上的可持续发展，客户数量、贷款余额、收入、利润、员工人数等指标均有大幅度增加；另一方面，产生了显著的社会效益，累计支持5万以上农户，实现了6万以上的农村劳动力的自就业；在支持农户增收、提升客户能力、推动农村文化建设方面取得了显著的成绩，被地方政府树立为信贷扶贫的样板。这也对行业发挥了积极的引领作用。

6. 陕西西乡县妇女发展协会[①]

自2005年以来，国际计划与陕西省妇联合作，支持陕西省佳县、榆阳、蒲城、西乡和淳化5个区县妇联分别建立了妇女发展协会，专门开展以当地中低收入妇女为主要目标的小额信贷扶贫活动。西乡县妇女发展协会（以下简称"协会"）于2005年10月8日在县民政局依法登记注册，国际计划出资164.4万元人民币作为启动资金，成为陕南唯一一家专门帮助贫困妇女发展的小额信贷机构，专门为西乡县金融服务相对缺失的贫困妇女提供小额信贷扶

[①] 孙同全、谭红：《汉中西乡妇女发展协会》，载《优秀微型金融机构案例选编》，中国金融出版社2015年版。

服务，帮助妇女实现自立、自强。

协会于2012年3月经民政部门批准成立为民办非企业机构。自2005—2007年为协会初创期，收支不平衡。2008年至今为协会发展期，收支平衡且略有盈余。协会与陕西省妇女研究会、陕西省妇女儿童基金会、南都基金会、宜信惠民投资管理有限公司、招商局慈善基金会、国家开发银行陕西分行、全国妇女发展基金会、北京友成普融信息咨询有限公司等15家机构成功合作，先后累计融得长短期借款1500万元。截至2018年年底，协会累计放贷总额2.6亿元，贷款总笔数22344笔，现有贷款余额3547万元，有效客户数1342人，平均单笔贷款额度为2.59元，贷款利率（年利率）12.72%，不良/风险贷款0.17%，资产回报率4.84%，资本回报率15.9%。

协会在开展扶贫帮困的各项活动中，也获得了社会各界爱心人士的支持与帮助，2010年通过天津市妇女儿童基金会、美国胡佛慈善基金会及各界爱心人士的捐赠，共同资助孤残儿童、留守儿童及事实孤儿，累计达180万元。2011年，得到友成普融和协会共同资助大学生12.5万元。协会贷款客户中98%为农村妇女，90%属于低收入农户。

7. 内蒙古乌审旗妇女发展协会[①]

乌审旗联合国儿基会SPPA项目于1996年实施，项目全称为中

---

① 摘编自乌审旗贫困地区社会发展小额信贷管理中心葵花女士提供的资料，2018年。

国—联合国合作方案—贫困地区社会发展项目。2001年，乌审旗在原SPPA项目办的基础上，设立了乌审旗贫困地区社会发展小额信贷管理中心。该项目的宗旨是通过小额信贷创收活动提高贫困妇女的家庭收入，使其更好地照顾子女，改善她们的生活，同时通过组织实施项目活动，提高项目妇女管理和经营能力，提高她们的整体素质，以提高其社会地位。

联合国儿基会SPPA项目在全国13个省25个旗（县）实施，内蒙古自治区唯一的仅有乌审旗。乌审旗项目工作及项目参与妇女在家庭经济建设与社会发展方面做出显著的成绩，稳步进入项目实施的自我约束与持续发展时期。截至2018年12月30日，全旗5个项目苏木镇共有项目贷款妇女1424名，她们分属61个妇女大组，225个小组，项目基金开始投入189.6万元发展到610万元，累计发放贷款总额6505.8万元，累计贷款客户数26622人。SPPA项目贷款额度为每个组员2000—5000元，期限为12个月，执行年利率9.6%，资产回报率6.3%，资本回报率6.3%，实现了小额信贷组织的可持续发展。

这些贷款妇女经过项目培训后，组成5—6人的小组，5—6个小组又组成一个大组。民主选出大小组长、会计、出纳，制定出个人创收计划后得到贷款支持。20多年来借贷妇女无恶意拖欠，几乎一天不差的还款。其SPPA项目办还组织开展各类培训，除了收集妇女组员储蓄，还经常自发组织开展各类娱乐活动、技能培训、扶弱帮困、交流经验等。

（三）我国小额信贷的政策法规变化

20世纪90年代中前期，中国的小额信贷项目或组织是公益性的、自发的、零散的试验和实践，基本上没有政策层面的直接支持。后来在90年代中后期，以解决扶贫资金使用效率和解决贫困农户温饱问题为主要目标的中国小额信贷项目，主要是在中共中央和国务院扶贫政策的大背景下发展起来的。

21世纪以来，小额信贷已从扶贫扩大到为农村广大农户和个体私营户及微小企业，以至小微企业服务的普惠金融的范围，逐步有了政府相关政策法规的支持。

2005年1月，在联合国开发署项目支持下，中国人民银行与商务部国际经济技术交流中心合作研究的成果《中国小额信贷发展研究》出版。该报告充分肯定了国际和国内扶贫小额信贷组织对扶贫与金融发展的作用，指出了非营利性小额信贷机构在法律地位和可持续性方面存在的问题，明确提出"对小额贷款组织采取多种形式开展的小额信贷应予以规范，给予其合理的法律地位"。报告还提出成立行业协会开展自律，对小额信贷组织给予税收优惠和资金支持等政策建议。这个报告的建议推动了小额贷款公司政策的出台。

从2005年起至今，党和政府发布了一系列有关小额信贷发展的重要政策法规，同时，中国金融主管部门的行为有了更积极的变化，一些行政法规也加快出台。不过，与公益/非营利性小额信贷组织有直接相关的政策是2006年中央一号文件，要求"大力培育由自然人、企业法人或社团法人发起的小额贷款组织，有关部门要抓紧制定管理办法"。2013年党的十八届三中全会又把"发展普惠金融"第一次正式写入党的决议。国务院于2015年颁布的《推进普惠金融发展规划（2016—2020年）》明确提出，"通过法律法规明确从事扶贫小额信贷业务的组织或机构的定位"。可惜的是，这些有关公益小额信贷组织的政策至今难以真正落实。2008年，银监会和中国人民银行正式联合发布《关于小额贷款公司试点的指导意见》，但是意见忽略了应考虑到的公益小贷组织扶贫的初衷，各省均将小额贷款公司设置了较高的注册门槛，将其当作普通放贷机构进行推动，而绝大多数公益小额信贷组织的资金根本达不到这个最低门槛，而且，如果加上税收，那么公益小贷组织则大大削弱其资金实力，甚至难以持续运营下去。而且，对这类专门扶弱扶贫的公益性小额信贷组织是十分不公正、不合理的。中国人民银行课题组2003年研究报告《中国小额信贷发展报告》原本希望把公益小额信贷机构改制为小额贷款公司的计划也因此遇到障碍。

然而，国务院和地方政府及有关政府部门对一些公益小贷组织有若干肯定性圈批指示，在不同程度上支持了一些公益小额信贷组织的生存和发展。例如，对中国社会科学院小额信贷项目试点，李鹏总理、李克强总理、姜春云副总理、陈俊生副总理、马凯副总理（时任国务院秘书长）、刘延东副总理等均有过肯定性圈批指示。1999年中国社会科学院向国务院办公厅、中国人民银行和国务院扶贫办呈报《关于建立中国社科院小额信贷扶贫科研试验基地的请示》，分别得到国务院办公厅、中国人民银行、国务院扶贫办的批准。国务院批复：同意按目前方式继续开展小额信贷扶贫试验，有关业务接受中国人民银行和有关政府部门的监督指导。

中和农信公司小额信贷得到李克强总理、马凯、汪洋、刘延东副总理等的圈批指示。国家税务总局批准其在农村地区开展的小额贷款享受税收免征待遇。

商务部就继续开展UNDP小额信贷试点问题给中国人民银行和国务院扶贫办去函,均得到对方支持。中国人民银行在回复中同意商务部交流中心开展的UNDP项目试点地区继续开展小额信贷业务。

重庆市开州区民丰互助合作会小额信贷获得重庆市市委、市政府的肯定,提出应在其他相关县推广。市和县相关政府部门及人行重庆分支发文响应。宁夏东方惠民小贷公司得到自治区党委主要负责人充分肯定,并是公益小额信贷组织第一家转制为小额贷款公司的机构。其他的一些公益小额信贷组织也不同程度地获得当地省市县政府的肯定和支持。

然而,遗憾的是,尽管包括我们在内的学者和一些有关部门负责人士不停地呼吁,可是,除了宁夏东方惠民小贷公司已有合法的小额贷款公司身份,其他的所有公益小额信贷组织从整体机构上至今都没有法规层面上的合法身份。例如,中和农信公司小额信贷在一些省区获得了当地金融办的批准注册为小额贷款公司,然而,虽然有国务院领导解决其法律地位的批示并经多次努力,中和农信公司却始终没有获得国家有关监管部门对其合法放贷机构资质和身份的批准。

再如,关于对公益小额信贷组织应予以专门政策法规的规定问题。中国人民银行2014年曾牵头银监会、中国社会科学院、国务院扶贫办四部委对社会科学院和中和农信小额信贷机构组织过专门调研，并将调研报告和建议提交给国务院，其中的一条建议就是对这类非营利性小额放贷组织在《非存款类放贷组织条例》中进行专门规定。经李克强总理、马凯、刘延东等国务院领导同志圈批，国务院办公厅文件批复同意四部委报告的建议，并明确建议中国人民银行等有关部门在制定《非存款类放贷组织条例》时，要对此类机构做出专门规定。而且，经党中央批准，在2015年12月国务院颁布的《推进普惠金融发展规划（2016—2020年）》的"五、完善普惠金融法律法规体系"的"（二）确立各类普惠金融服务主体法律规范"中也提道："通过法律法规明确从事扶贫小额信贷业务的组织或机构的定位。"然而，法律地位的问题至今仍没有解决。我们认为，根据上述文件精神和我国小额信贷开展的实践，确有必要对非营利性小额放贷组织在政策法规上做出专门规定。

三 中国非营利性小额信贷机构发展环境的变化

(一) 扶贫形势的变化

改革开放以来中国减贫事业取得了巨大成就,7亿多农民摆脱了贫困,创造了世界减贫史上的奇迹。随着中国扶贫形势的变化,为减贫而生的公益性小额信贷机构的生存环境发生了巨大变化。

1. 减贫40年取得了巨大成效,公益性小额信贷资金的重要性相对降低

第一,贫困人口持续大幅减少。按照2010年价格农民年人均纯收入2300元的扶贫标准,农村贫困人口从1978年的77039万人减少到2018年的1660万人,减少了75879万人;同期农村贫困发生率从97.5%下降到1.7%,降低了95.8个百分点。[1]

---

[1] 吴国宝等:《中国减贫与发展:1978—2018》,社会科学文献出版社2018年版,第11页;《2018年全国农村贫困人口减少1386万人》,中华人民共和国中央政府网站:http://www.gov.cn/shuju/2019-02/17/content_5366306.htm。

第二，贫困地区人民的生活质量得到显著改善。中国通过实行国家整体发展规划和大规模瞄准贫困地区的专项扶贫开发，显著地改善了包括贫困地区在内的全国农村交通、通信、用电、住房、安全饮水等物质生活条件。中国农村居民的教育、医疗和社会保障等基本公共服务的可及性、便利性和经济可承受性也都有了明显改善。

第三，2020年将彻底消除绝对贫困和区域性整体贫困。2015年中国政府制定了《关于打赢脱贫攻坚战的决定》，提出到2020年，稳定实现农村贫困人口不愁吃、不愁穿，义务教育、基本医疗和住房安全有保障；实现贫困地区农民人均可支配收入增长幅度高于全国平均水平，基本公共服务主要领域指标接近全国平均水平；确保我国现行标准下农村贫困人口实现脱贫，贫困县全部"摘帽"，解决区域性整体贫困。2018年6月中国政府又发布了《关于打赢脱贫攻坚战三年行动的指导意见》，提出到2020年，确保现行标准下农村贫困人口实现脱贫，消除绝对贫困；确保贫困县全部"摘帽"，解决区域性整体贫困。

第四，公益性小额信贷资金的重要性相对降低。大多数公益性小额信贷开始于"八七扶贫攻坚"时期。那时，中国要解决8000万人口的温饱问题，扶贫任务艰巨而资金又极为短缺，信贷资金利用效益不高，公益性小额信贷资金及其扶贫模式都十分宝贵，各级政府和各部门都积极协调和支持公益性小额信贷工作。但是，随着中国经济的持续发展，政府对扶贫投入逐步加大。1986—2013年，中国发放的年度专项扶贫贷款从23亿元增长到839.1亿元，累计

4717.67亿元；年度的政府专项扶贫资金从19亿元增长到394亿元，累计3075.17亿元（见表3）。而公益性小额信贷机构数量却大幅缩减，资金规模可能也没有增长，甚至可能大幅萎缩。① 与中国政府和全社会投入的扶贫资金相比，公益性小额信贷资金量已经显得很少，加之农村金融市场主体增加，竞争性增强，金融机构提供的扶贫信贷、支农支小贷款增加，使公益性小额信贷机构的重要性在各地都有不同程度的下降。

表3 中国扶贫贷款与财政专项扶贫资金的投入量（1986—2013年）

单位：亿元

年份	扶贫贷款（1）	财政专项扶贫资金（2）
1986	23.00	19.00
1987	23.00	19.00
1988	30.50	10.00
1989	30.50	11.00
1990	30.50	16.00
1991	35.50	28.00
1992	41.00	26.60
1993	35.00	41.20
1994	45.50	52.35
1995	45.50	53.00
1996	55.00	53.00

---

① 目前，关于公益性小额信贷机构数量及其资金规模，尚无准确的统计数字。但是，一些专家学者研究发现，21世纪初，中国公益性小额信贷机构或项目大概有300家，但后来逐渐萎缩。参见杜晓山《从小额信贷到普惠金融的思考》，程恩江《国际机构与中国小额信贷的发展》，白澄宇《联合国开发计划署援建小额信贷项目发展历程》，载杜晓山、刘文璞主编《从小额信贷到普惠金融——中国小额信贷发展二十五周年回顾与展望纪念文集》，中国社会科学出版社2018年版。

续表

年份	扶贫贷款（1）	财政专项扶贫资金（2）
1997	85.00	68.15
1998	100.00	73.15
1999	150.00	78.15
2000	150.00	88.15
2001	185.00	100.02
2002	185.00	106.02
2003	185.00	114.02
2004	185.00	122.01
2005	90.00	129.93
2006	141.61	137.01
2007	124.48	144.04
2008	214.32	167.34
2009	259.96	197.30
2010	436.30	222.68
2011	453.90	272.00
2012	538.00	332.05
2013	839.10	394.00

资料来源：国务院扶贫开发领导小组办公室《中国扶贫开发年鉴》编委会：《中国扶贫开发年鉴（2015）》，团结出版社 2016 年版。

2. 不平衡、不充分发展的问题依然严重，相对贫困和多维贫困凸显

首先，尽管 2020 年中国将消除绝对贫困现象，但是，贫困问题依然长期存在。一是如果提高贫困线标准，中国贫困问题仍然比较严重。我国现行贫困标准只是略高于世界银行确定的针对低收入国家的贫困标准。如果采用世界银行针对中高收入国家的标准（2011 年购买力平价每人每日 5.5 美元），我国 2015 年还有 43% 的农村人

口生活在贫困中。① 二是贫富差距仍然有所扩大。1993年贫困县农民人均纯收入相当于全国平均水平的48.8%。② 根据国家统计局公布的资料显示，2018年全国居民人均可支配收入28228元；贫困地区农村居民人均可支配收入10371元，③ 相当于全国居民平均水平的36.7%。也就是说，25年过去了，贫富差距没有缩小，反而拉大了。因此，持续提高低收入人口的生活水平、解决不平衡不充分发展的问题，依然是中国未来的长期任务。

其次，2020年后中国的贫困问题不同于以往，将主要呈现以下特点：

（1）以相对贫困为主。我国以往的扶贫政策与实践主要针对的是绝对贫困，即解决缺乏生存所必需的物品和服务等经济资源或经济能力的贫困。随着我国脱贫攻坚任务的完成，现行贫困标准下的绝对贫困问题将得到解决。2020年后的贫困将以相对贫困为主。相对贫困主要表现为居民、城乡和地区之间在收入和福祉方面的较大差距，是发展不平衡和不充分的问题。

（2）面向多维贫困。改革开放以来，我国一直以人均收入水平作为制定贫困标准的基本方法，这只是针对经济贫困或者收入贫

---

① 吴国宝等：《中国减贫与发展：1978—2018》，社会科学文献出版社2018年版，第314页。

② 李培林、魏后凯主编：《中国扶贫开发报告（2016）》，社会科学文献出版社2016年版，第14页。

③ 《2018年全国农村贫困人口减少1386万人》，中华人民共和国中央政府网站：http://www.gov.cn/shuju/2019-02/17/content_5366306.htm；《2018年居民收入和消费支出情况》，国家统计局网站：http://www.stats.gov.cn/tjsj/zxfb/201901/t20190121_1645791.html。

困，而没有充分考虑多维的致贫原因。2020年后，在关注解决收入贫困问题之外，还需要关注致贫的多维因素，即应全面提高相对贫困人口的生活水平和质量，例如教育、健康、居住条件、基础设施和公共服务等。

（3）深度贫困地区依然是重点。尽管我国贫困地区的绝对发展水平已经有了比较明显的提高。但是，资源禀赋缺乏、区位劣势明显的深度贫困地区不会因为脱贫攻坚任务的完成而快速进入与其他地区同步发展的轨道，2020年后其扶贫任务依然突出。有研究显示，根据2015年全国县市统计数据，按人均国内生产总值排序，底层10%县市人均生产总值仅相当于全国人均水平的1/5，相当于全国县市平均水平的1/3，其公共财政收入只能承担财政支出的14%。

（4）贫困人口老龄化。我国已经进入老龄社会，并成为世界上人口老龄化速度最快的国家之一。截至2016年年底，我国60岁以上的老年人口已占总人口的16.7%。2000年和2010年人口普查数据显示，我国农村60岁及以上老年人口比重均高于城镇的老年人比重，且增长速度更快。[1] 随着城市化进程加快和农村非老年人口大量外迁，农村老龄化的趋势会更加严重，其结果是农村贫困人口中老年人比重不断提高。

（5）城市贫困与农民工贫困问题将逐渐凸显。2020年后虽然相

---

[1] 吴国宝等：《中国减贫与发展：1978—2018》，社会科学文献出版社2018年版，第311页。

对贫困人口仍然主要在农村，但是，城市的相对贫困问题也将凸显出来。这些相对贫困人口就是城市低保对象，因为他们如果没有低保就处于相对贫困状态。截至2017年年底，我国有城市低保对象741.5万户、1261万人。[1] 此外，我国进城农民工的贫困问题长期被忽略。农民工户籍在农村，但生活和工作在城镇。他们既没有被纳入农村扶贫对象，也很少能享受到城市扶贫政策，更没有充分享受到城镇的养老、医疗和失业等社会保障福利。截至2017年年底，我国外出农民工约有1.7亿人，[2] 其中很多已成为实际上的城市常住人口。到2016年，进城农民工在制造业就业的比例为30.6%，自主就业的占30%。[3] 这些自主就业的农民工大多在非正规部门从事不稳定的职业，收入水平低且不稳定，如果没有相应的就业和社会救助政策的扶持，陷入贫困的风险很大。

（二）农村金融政策与市场环境的变化

中国农村金融供给长期严重不足的重要原因在于金融机构种类单一，市场垄断严重，供给严重不足。2004年以后，这种状况逐步改变，农村金融市场由封闭垄断逐渐走向相对开放，金融市场主体种类和数量大量增加，市场竞争性逐渐增强，金融服务供给大幅

---

[1] 《社会服务发展统计公报发布：去年全国共有城乡低保对象5306万余人》，人民网：http://politics.people.com.cn/n1/2018/0814/c1001-30226724.html。

[2] 国家统计局：《中华人民共和国2017年国民经济和社会发展统计公报》，http://www.stats.gov.cn/tjsj/zxfb/201802/t20180228_1585631.html。

[3] 吴国宝等：《中国减贫与发展：1978—2018》，社会科学文献出版社2018年版，第317页。

增加。

1. 农村金融市场开放，供给主体增加

2004年中央一号文件指出："加快改革和创新农村金融体制……积极兴办直接为'三农'服务的多种所有制的金融组织。"2005年中央一号文件要求："培育竞争性的农村金融市场，有关部门要抓紧制定农村新办多种所有制金融机构的准入条件和监管办法……有条件的地方，可以探索建立更加贴近农民和农村需要、由自然人或企业发起的小额信贷组织。"2006年中央一号文件提出："在保证资本金充足、严格金融监管和建立合理有效的退出机制的前提下，鼓励在县域内设立多种所有制的社区金融机构，允许私有资本、外资等参股。大力培育由自然人、企业法人或社团法人发起的小额贷款组织，有关部门要抓紧制定管理办法。引导农户发展资金互助组织。"

在这种现实和政策背景下，中国政府进行了农村金融市场的增量改革，即增加新型农村金融机构，包括村镇银行、贷款公司、农村资金互助社和准金融机构小额贷款公司，并支持农民合作组织开展的内部资金互助。2006年12月银监会发布了《关于调整放宽农村地区银行业金融机构准入政策 更好支持社会主义新农村建设的若干意见》，提出要在农村地区新设村镇银行、贷款公司和农村资金互助社，以解决农村地区银行业金融机构网点覆盖率低、金融供给不足、竞争不充分等问题。2007年银监会发布了《村镇银行管理暂行规定》《贷款公司管理暂行规定》《农村资金互助社管理暂行规定》。2005年中国人民银行在山西省、四川省、贵州省、陕西省和

内蒙古自治区五省（区）各选一个县（区）开始民间投资、只贷不存的小额贷款公司（以下简称"小贷公司"）试点。2008年银监会和中国人民银行共同发布的《关于小额贷款公司试点的指导意见》，扩大了小贷公司试点范围。截至2017年年底，全国共组建村镇银行1587家，其中有65%的村镇银行设在中西部地区，已覆盖全国31个省份的1248个县市，县市覆盖率达到了67%，全国一共758个国家级贫困县和连片特困地区的县市中有416个。① 截至2018年年底，全国共有小额贷款公司8133家，覆盖了全国31个省、自治区和直辖市。②

2006年，国务院扶贫办与财政部在全国开展贫困村村级发展互助资金试点，支持贫困村建立互助资金组织。截至2013年年底，全国共有19397个贫困村开展了互助资金试点。③ 2008年，党的十七届三中全会提出，允许有条件的农民专业合作社开展信用合作。2010—2017年中央一号文件相继提出，支持和规范农民专业合作社开展信用合作。据不完全统计，截至2014年3月底，全国开展信用合作的农民合作社有2159家。④

2005年之后中国互联网金融逐渐发展起来，尤其是在2013年

---

① 《银监会"村镇银行有关政策"发布会》，中国网：http://finance.china.com.cn/blank/20180112/510.shtml。
② 《央行：截至2018年末全国共有小额贷款公司8133家》，中国新闻网：http://www.chinanews.com/cj/2019/01-25/8739338.shtml。
③ 参见国务院扶贫开发领导小组办公室《中国扶贫开发年鉴》编委会《中国扶贫开发年鉴（2014）》，团结出版社2014年版，第23页。
④ 赵铁桥：《关于农民合作社信用合作的理论与实践问题》，《中国农民合作社》2015年第5期。

之后呈爆发式增长。2016年中央一号文件首次提出"引导互联网金融、移动金融在农村规范发展"。一些互联网金融企业依托电商平台或农业产业链、供应链和价值链，开拓农村金融市场。例如，京东金融、蚂蚁金服、希望金融、翼龙贷、农分期、农金圈，等等。互联网金融打破了地域限制，可以跨区域经营，而且可以依赖产业链或大数据进行风险管理，摆脱了农村缺少合格抵押物的约束，大大延伸了金融服务的广度和深度。

2013年，党的十八届三中全会提出了"发展普惠金融"的目标。2015年，国务院发布了《推进普惠金融发展规划（2016—2020年）》，提出要让所有市场主体都能分享金融服务，推动"大众创业、万众创新"，增进社会公平和社会和谐，促进全面建成小康社会。尤其是2015年中国政府提出打赢脱贫攻坚任务的战略目标之后，政府推出了一系列有力的政策和措施，推动银行业金融机构开始重返农村金融市场。根据这一系列政策，国有大型商业银行纷纷采取行动，参与扶贫和发展普惠金融。中国农业银行、中国邮政储蓄银行先后建立了"'三农'金融事业部"。国家开发银行和中国农业发展银行先后成立了"扶贫金融事业部"。中国建设银行和中国工商银行分别建立了"普惠金融事业部"。中国建设银行还在制定普惠金融发展战略，研究开展农村金融服务的实施方案。

2. 农村金融市场供给大幅增加

随着农村金融市场逐步放开和各类金融服务机构的增加，农村金融服务供给状况得到大幅改善。截至2017年年底，我国银行业网点乡镇覆盖率达到95.99%，25个省、区、计划单列市实现"乡乡有机构";全国基础金融服务已覆盖53.13万个行政村,占全部行政村的96.44%,比2013年上升了13.6个百分点,15个省、区、市、计划单列市实现"村村有服务";银行业涉农贷款余额30.95万亿元,较2013年年末增长48.2%;其中农户贷款余额8.11万亿元,较2013年年末增长80%;农村企业及各类组织贷款余额17.03万亿元,较2013年年末增长33.1%;银行业金融机构对建档立卡贫困户发放的扶贫小额信贷余额2496.96亿元,户均贷款4.11万元,支持建档立卡贫困户607.44万户,占全国建档立卡贫困户的25.81%;扶贫开发项目贷款余额2316.01亿元;开发银行和农业发展银行累计发放中央贴息易地扶贫搬迁贷款达1780亿元,惠及建档立卡贫困人口超过500万人。①

截至2016年年底,全国已组建的新型农村金融机构93%以上的贷款投向了农户和小微企业,其中村镇银行累计为352万家农户和小微企业发放贷款580万笔,累计发放贷款金额为3万亿元。②截至2018年年底,全国小额贷款公司实收资本8363.2亿元、贷款余额9550.44亿元。③虽然小额贷款公司主要服务于城镇地区的中小企业,但是,很多小额贷款公司是在县域范围内开展业务,增加了县域金融的供给,增强了包括县域在内的大概念农村金融市场的

---

① 中国银保监会:《中国普惠金融发展情况报告》,http://www.cbrc.gov.cn/chinese/files/2018/3D1972BB37BC43C2915E51BDEC4A47ED.pdf。
② 中国人民银行农村金融服务研究小组:《中国农村金融服务报告(2016)》,中国金融出版社2017年版,第8页。
③ 《央行:截至2018年末全国共有小额贷款公司8133家》,中国新闻网:http://www.chinanews.com/cj/2019/01-25/8739338.shtml。

竞争性，部分小额贷款公司也在农村为农业和农户提供小额贷款服务。

在互联网金融支持"三农"发展方面，有研究估计，2016年至少有9家互联网金融平台在"三农"领域的交易额超过10亿元。①

3. 金融监管政策趋严增加了解决小额信贷机构合法化、合规化的迫切性

近年来，中国经济发展进入新旧动能转换时期，开始进行供给侧结构性改革，经济发展模式从注重增长速度转变为注重发展质量，经济发展增速放缓，过去经济高速发展中长期积累一些矛盾逐渐显现，金融风险防范的任务凸显。因此，中国政府在2017年特别强调防控金融风险，要求尽快实现金融监管全覆盖，避免监管空白，搞金融的都要持牌经营，所有金融业务都要纳入监管。

尽管公益性小额信贷机构使用的基本上都是捐赠资金，不吸收公众存款，但是一些地方政府主管部门仍然对缺乏合法金融机构身份的小额信贷机构采取了严格管理的态度。公益性小额信贷机构大多以社团法人或民办非企业法人形式在民政部门登记注册，有些地方的民政部门认为，以协会名义开展小额信贷业务没有合法性，因而在协会年检时不予通过。有些小额信贷机构只好以政府小额信贷项目办的名义继续开展业务。尽管这种情况并未在所有地区发生，但还是普遍引起了公益性小额信贷机构各利益相关方的担忧。这是

---

① 李勇坚、王弢主编：《中国"三农"互联网金融发展报告（2017）》，社会科学文献出版社2017年版，第10页。

公益性小额信贷机构面临的巨大政策和法律风险。

（三）乡村振兴和普惠金融建设仍然需要公益性小额信贷大发展

1. 农村金融市场供给仍然严重不足，中低收入农户难以获得正规金融机构服务

尽管中国农村金融市场在近年来有了长足发展，金融服务供给已大为改善。但是，在贫困地区，针对贫困和低收入农户的金融服务仍然不足。有研究表明，2009—2013年，农户从正规金融机构借款的条件有所改善，借款量有所上升，在所有来源的借款金额中占比从38.15%上升到46.27%，但是农户借款来源构成未产生根本性改变，私人借贷仍然占53.16%—60.66%；而且，在此期间中低收入农户的私人借款来源占比保持在56.45%—82.85%，比高收入农户更难以从正规金融机构得到贷款。[①]

其间，银行发放的农户贷款中，绝大比例发放给了最富裕的农户，为67.37%—76.03%；最低收入农户得到的贷款占比为0.74%—6.76%；较低收入农户得到的贷款占比为2.12%—8.59%。可见，银行对不同收入组农户的贷款极不平衡，"嫌贫爱富"特征明显。在此期间，农信社对农户的贷款中，最富裕农户仍然得到了最大的比例，为42.10%—56.36%，最低收入组农户得到

[①] 孙同全、董翀、陈方、韩磊等：《中国农户家庭资产负债表与农村普惠金融建设》，中国社会科学出版社2017年版，第75—77页。

的贷款占比为3.84%—15.90%，较低收入组农户得到的贷款占比为4.89%—12.96%，中等收入农户得到的贷款占比为7.65%—15.57%。可见，尽管农信社对农户的信贷服务比银行更均衡，但是中低收入农户获得的贷款服务都很少。①

2. 实现可持续脱贫离不开金融支撑

中国"十三五"扶贫开发的目标是：到2020年，稳定实现农村贫困人口不愁吃、不愁穿，意外教育、基本医疗和住房安全有保障。实现贫困地区农民人均可支配收入增长幅度高于全国平均水平，基本公共服务主要领域指标接近全国平均水平。确保线下标准农村贫困人口实现脱贫，贫困县全部"摘帽"，解决区域性整体贫困。

为实现上述目标，中国制定了产业扶贫、就业扶贫、易地搬迁扶贫等战略性措施。这些扶贫措施都离不开金融的支持。但是适合小农户和具有生产能力的贫困户的金融产品和服务机制仍然缺乏。因此，创新有利于减贫的金融服务机构、产品、工具和机制，改善贫困地区和贫困人口的金融服务可得性，提高金融扶贫的力度和深度，形成持续的支持减贫的金融服务体系，仍然是助推实现脱贫攻坚目标的必要支撑条件。2019年中央一号文件提出要不折不扣地完成脱贫攻坚任务，包括金融扶贫在内的政策措施要向深度贫困地区倾斜。

---

① 孙同全、董翀、陈方、韩磊等：《中国农户家庭资产负债表与农村普惠金融建设》，中国社会科学出版社2017年版，第78—79页。

2020年后，城乡相对贫困与多维贫困将成为中国贫困的主要形态。造成相对贫困和多维贫困的原因更多的是贫困群体发展能力不足，难以平等地获得发展机会。公益性小额信贷的目标对象本来就包括相对贫困群体，不仅为他们提供资金支持，而且为他们提供获得金融服务的机会，还向他们提供金融知识培训以及生产生活技能等非金融知识，提高他们的发展能力。所以，解决相对贫困和多维贫困与公益性小额信贷的宗旨与目标具有天然的一致性。

3. 乡村振兴战略为公益性小额信贷机构提供了广阔的市场和舞台

2017年党的十九大报告提出要实施乡村振兴战略，坚持农业农村优先发展，按照产业兴旺、生态宜居、乡风文明、治理有效、生活富裕的总要求，建立健全城乡融合发展体制机制和政策体系，加快推进农业农村现代化，并实现小农户和现代农业发展有机衔接，促进农村第一、第二、第三产业融合发展，支持和鼓励农民就业创业，拓宽增收渠道。2018年中央一号文件提出，要提高金融服务水平，健全适合农业农村特点的农村金融体系，推动农村金融机构回归本源，把更多金融资源配置到农村经济社会发展的重点领域和薄弱环节，更好地满足乡村振兴多样化金融需求。2018年9月中央印发的《乡村振兴战略规划（2018—2022年）》特别强调充分激发社会投资的动力和活力，加快形成财政优先保障、社会积极参与的多元投入格局，并专列一章重述了这一任务，从健全金融支农组织体系、创新金融支农产品和完善金融支农激励政策三个方面提出了农村金融如何发展与发力的框架规划。

2019年2月，中办、国办印发了《关于促进小农户和现代农业发展有机衔接的意见》，明确阐述了提升金融服务小农户水平的意见，要求发展农村普惠金融，健全小农户信用信息征集和评价体系，探索完善无抵押、无担保的小农户小额信用贷款政策，不断提升小农户贷款覆盖面，切实加大对小农户生产发展的信贷支持；鼓励发展为小农户服务的小额贷款机构，开发专门的信贷产品。公益性小额信贷机构就是为包括贫困户在内的小农户提供信贷服务的专门机构，完全符合中央的要求和期待，更是小农户的信贷服务机构。在中国的金融体系中不缺乏大型银行，中小型农村金融机构数量也很庞大，但是缺乏不以营利为目的的社会企业性质的金融服务组织。只有这样的组织才能克服政府失灵和市场失灵，专注地为低收入阶层服务。因此，在适合农业农村特点的农村金融体系中，服务中低收入人群的公益性小额信贷机构是重要的组成部分。

4. 发展普惠金融是时代的需要和趋势

普惠金融是当今世界发展的潮流。普惠金融的基本理念就是获得金融服务机会的均等性，以实现包容性发展，与中国全面建成小康社会的目标是一致的。2015年，中国政府发布的《推进普惠金融发展规划（2016—2020年）》特别指出，小微企业、农民、城镇低收入人群、贫困人群和残疾人、老年人等特殊群体是普惠金融重点服务对象。但是，尽管各类大小银行业金融机构纷纷建立农村金融、扶贫金融和普惠金融部门，但是，由于农村农业和农民固有特点，这些机构都难以深入农村，难以为农村小微企业和农户提供融资便利。公益性小额信贷是普惠金融的发端，是普惠金融的天然组成部分。中国普惠金融事业的发展给公益性小额信贷组织带来巨大需求和市场空间。

（四）政策法律环境的逐步改善为小额信贷机构的合法化带来希望

1. 研议中的《放贷人条例》可能成为扶贫小额信贷机构的基本法律依据

2017年《放贷人条例》已经提交全国人大法制办，开始征求各部委意见。放贷人是指放贷数额超过一定规模，利用自有资金开展信贷业务的机构或个人。该条例一旦出台，将成为各类放贷机构的上位法，公益性小额信贷机构可以依据该条例获得合法的放贷人资格。

2. 小额贷款公司可以成为扶贫小额信贷机构转制的一种组织载体

在2008年中国人民银行和中国银行业监督管理委员会（以下简称"银监会"）联合发布的《关于小额贷款公司试点的指导意见》[①]基础上，2017年原银监会将研究制定《小额贷款公司监督管

[①] 根据该意见，省政府可以审批小额贷款公司并负责监管。小额贷款公司是指注册资金超过500万元，以自有资金从事放贷业务的准金融公司。截至2017年年底，中国小额贷款公司总数为8551家，已经有数家公益性小额信贷机构改制为小额贷款公司。其中，宁夏盐池的公益小贷机构改制前也只有500万元资产，改制为小额贷款公司5年后，资产规模已经发展到4亿元，东方邦信融通控股股份有限公司已经参股该公司。中和农信资产管理公司也将旗下数家公益小贷机构改制为小额贷款公司。

理条例》列入当年立法计划。中国已有公益性小额信贷机构转制为小额贷款公司，如宁夏东方惠民小额贷款公司前身就是采用社团法人形式的公益性小额信贷机构，中和农信管理公司下属的一些民办非企业法人形式的小额信贷分支机构已转制为小额贷款公司。

3. 农民资金互助组织可以为扶贫小额信贷机构转制提供出路

如前所述，2005年国务院在《关于深化经济体制改革的意见》中提出发展新的农村合作金融组织之后，各年的中央一号文件相继提出"引导农户发展资金互助组织""允许有条件的农民专业合作社开展信用合作""推动社区性农村资金互助组织发展"等政策要求和目标。2019年1月中国人民银行、银保监会、证监会、财政部、农业农村部联合发布了《关于金融服务乡村振兴的指导意见》，提出探索新型农村合作金融发展的有效途径，稳妥开展农民合作社内部信用合作试点。2019年2月，中共中央办公厅、国务院办公厅印发《关于促进小农户和现代农业发展有机衔接的意见》也明确提出，支持农村合作金融规范发展，扶持农村资金互助组织，通过试点稳妥开展农民合作社内部信用合作。至2018年6月底，山东省和江苏省已出台地方性政策法规，推动和规范农民资金互助组织的发展。

自2006年以来，国务院扶贫办在全国开展了贫困村村级互助资金的试点工作，由财政投入一部分资金，贫困村村民投入一部分资金，形成村级的资金互助组织，为成员提供生产生活的融资服务。该试点的目的是创新扶贫资金使用机制，调动贫困农户摆脱贫困的自主性，树立起发展的主体地位。交流中心已在四川省仪陇县利用开发署普惠金融项目，对扶贫办的贫困村村级互助资金试点进行改良和完善，取得了一定效果，形成了仪陇模式。

中国的公益性小额信贷机构由于在初期采用了小组联保和中心会议的信贷模式，具有天然的组织农户合作发展的机制和传统，在贫困村发动建立农民专业合作组织并开展资金互助存在一定的基础。2017年，中国政府颁布了修订的《农民专业合作社法》，规定农民专业合作社可以成立联合社。这为公益性小额信贷机构在组建村级农民合作组织的基础上转制成联合社提供了可能。

四 中国非营利性小额信贷组织制度变迁

（一）中国非营利性小额信贷的主要组织形态及其变化

中国非营利性小额信贷发展20多年来，已演化出多种组织形态，有最初的项目办形式，还有现在谈论比较多的民间组织形式，如社团、民办非企业单位和基金会，还有小额贷款公司或资产管理公司形式等。

20多年来，中国非营利性小额信贷的组织形态大致经历了三个发展阶段。第一阶段是20世纪90年代后半期，有较为明确的管理主体和较为系统的管理制度的小额信贷在中国刚刚起步，其组织形式基本上有两类：一是民间组织形式，包括社团法人和民办非企业法人，如中国社会科学院农村发展研究所（以下简称"社科院农发所"）推动建立的扶贫经济合作社（以下简称"扶贫社"）是社团法人；二是政府项目办公室（以下简称"项目办"），如多双边国际组织以及国际非政府组织对华援助项目中小额信贷活动均由项目办管理。在此阶段，民间组织形式很少，项目办形式较多。而且，这一时期的小额信贷都是在扶贫项目下开展的，民间组织是作为项目操作载体而产生，所以，总体上看，这一时期小额信贷的治理方式以项目形式为主。

第二阶段是2000—2008年。2000年前后，各类国际组织援助的小额信贷项目陆续结束，项目下小额信贷资金需要长期运用，而项目办只是临时安排。当时小额信贷可持续发展已成为国际社会的主流共识，即小额信贷自负盈亏和发展壮大可以长久为低收入和贫困人口提供金融服务。其更深刻的背景是国际发展援助机构不可能长期向小额信贷源源不断地输入资金，小额信贷必须解决自身"造血"、自我生存的问题。这样，小额信贷项目办纷纷转向独立的机构。为了秉承扶贫的公益宗旨和目标，小额信贷各利益相关方均认为小额信贷机构应不以营利为目的，其组织形式应是非营利组织。中国非营利组织形式有社团、民办非企业单位、基金会。此外，中国还有一种特殊的非营利组织，即利用国有资产成立的事业单位。在这种非营利组织化趋势下，中国国际经济技术交流中心管理的联合国开发计划署援助的小额信贷项目多数转为协会（属社团法人），联合国儿童基金会援助的小额信贷项目多转成事业单位。

第三阶段是2008年至今。小额信贷项目机构化基本解决了小额信贷项目持续扶贫的问题，但是没有解决小额信贷机构不具备合法金融机构身份，难以对外融资等问题，妨碍了小额信贷机构的发展壮大和服务能力。2008年，原银监会和中国人民银行联合发布了

《关于小额贷款公司试点的指导意见》,对小额贷款公司的建立和运营提出了比较明确的政策,随后小额贷款公司数量迅猛增长。这一时期,农村金融市场开放,村镇银行迅速发展,一些城市商业银行也开始开拓农村金融市场。这些变化导致农村小额信贷供给主体增加,市场竞争加剧。非营利性组织身份带来的融资难、规模小、竞争力弱等问题更加凸显。一些非营利性小额信贷机构开始商业化转制,主要转为小额贷款公司。

为了能够深刻地理解中国非营利性小额信贷治理机制变化的背景、影响因素以及未来走向,需要对这一变化过程进行较为系统的回顾与总结。下面本文将对中国三个主要的小额信贷管理系统和三个具有代表性的小额信贷机构的治理机制变迁进行回顾与总结。

(二) 三个主要非营利性小额信贷管理系统的变迁

中国非营利性小额信贷先后有几百家,根据资金来源和上级主管机构,大致可以归属于几大管理系统,其中最主要的有三个,即社科院农发所管理的扶贫社、中国国际经济技术交流中心(以下简称"交流中心")管理的联合国开发计划署援助(以下简称"开发署")的小额信贷机构、中国扶贫基金会(以下简称"扶贫基金会")管理的农户自立能力建设支持性服务社(以下简称"服务社")。[①]

[①] 杜晓山、刘文璞、张保民、孙同全、储英奂等:《中国公益性小额信贷》,社会科学文献出版社2008年版,第22—25页。

1. 中国社会科学院农村发展研究所扶贫经济合作社管理系统的转变

（1）扶贫社小额信贷的合法性与监管体制。扶贫社小额信贷取得了"真扶贫，扶真贫"的良好效果，得到了中央有关领导人的认可和大力支持。但是，其社团法人身份没有金融业务许可。为了解决这一问题，1999年中国社会科学院向国务院办公厅、中国人民银行和国务院扶贫办呈报《关于建立中国社科院小额信贷扶贫科研试验基地的请示》，得到国务院办公厅"同意按目前方式继续开展小额信贷扶贫试验，有关业务接受中国人民银行和有关政府部门的监督指导"的批复。这样，扶贫社暂时以扶贫试验的形式获得了小额信贷业务的特别许可。

除合法性之外，社科院农发所还探索解决扶贫社的监管体制和可持续性发展问题。1998年社科院农发所在北京成立了扶贫社总部，聘请了专职工作人员进行管理。扶贫社总部在行政上隶属社科院农发所，实行理事长负责下的理事会制度。理事会的职责主要包括，决定扶贫社发展方向、方针及章程等重大事项决策，任命扶贫社总部日常管理负责人及县社主任，开展外事活动及筹资。扶贫社总部日常管理工作包括对各扶贫社小额信贷业务的管理和监督、人员培训等。各扶贫社业务上接受总部的领导和监督，员工全部是专职人员。

1999年，扶贫社总部理事会曾设想争取转制为中小型的非银行金融（或半金融）机构，但没有找到可行的路径。2004年12月，扶贫社总部在北京市民政局注册为北京市农发扶贫基金会，成为独立法人，从社科院农发所相对独立出来，专门负责扶贫社系统运营的监管和支持服务。

（2）管理权限的移交。尽管社科院农发所开创的扶贫社小额信贷扶贫模式取得了成功，但它毕竟是一个研究机构，缺乏长期监管小额信贷机构发展的条件。2013年，社科院农发所在征得中国人民银行同意后，与中和农信资产管理公司签署协议，将河北省涞水县与河南省南召县的两家扶贫社移交后者管理。其余的扶贫社移交当地政府。同时，北京市农发扶贫基金会与社科院农发所脱钩。这样，社科院农发所移交了对扶贫社的全部监管和服务等工作，完成了20多年小额信贷行动研究的历史使命。

2. 中国国际经济技术交流中心所属联合国开发计划署援助小额信贷机构管理系统的转变

（1）小额信贷项目或机构的合法性与监管体制。开发署援助的小额信贷最初采用的都是项目办的形式。2000年前后，援助项目陆续到期，大多数项目转制为社团法人，一般都冠名为"××县乡村发展协会"。交流中心与开发署设立了两个支持性项目，并成立了专门的项目专家办公室，继续支持各个乡村发展协会开展小额信贷业务。

与社科院农发所类似，为解决小额信贷项目办或机构的业务合法性问题，交流中心于2000年通过商务部致函中国人民银行和国务院扶贫办，就"继续开展开发署小额信贷试点问题"征求意见，均得到两家政府主管部门的支持。中国人民银行复函同意交流中心在开发署项目结束后继续开展小额信贷扶贫试验。这也相当于为各小额信贷项目办或机构提供了特许经营权。

为根本解决小额信贷机构的政策和法律地位问题，推动小额信贷行业的发展，交流中心于2003年开始利用开发署援助项目资助中国人民银行开展了小额信贷政策研究工作，组织对国内外小额信贷机构进行了大量考察研究，最终形成了《中国小额信贷发展报告》。该报告提出的政策建议指出，中国应发展商业可持续的小额信贷行业，并成立小额信贷行业协会。①

（2）行业协会组织的建立。根据中国人民银行这份政策研究报告的建议，2004年交流中心联合社科院农发所、全国妇联发展部、中国扶贫基金会等机构发起筹建了小额信贷行业协会——中国小额信贷发展促进网络，由交流中心向商务部申请作为协会主管部门，具体挂靠交流中心进行管理。商务部批准了交流中心的筹建请示，并向民政部递交了注册申请。民政部考虑到该协会涉及金融业务，建议征求中国人民银行意见。商务部致函中国人民银行征求意见。中国人民银行考虑到拟参与协会的会员机构都是公益组织，不是金融机构，建议先以协会筹备委员会名义开展工作，待小额贷款公司管理办法出台，将公益小额信贷机构改制为小额贷款公司，获得金融机构身份后，再正式成立带有金融属性的行业协会。根据民政部和中国人民银行的意见，交流中心与社科院农发所、全国妇联发展部于2005年正式成立了"中国小额信贷发展促进会筹备委员会"，

---

① 这篇研究报告直接推动了小额贷款公司政策的出台。参见白澄宇《联合国开发计划署援建小额信贷项目发展历程》。

对外以"中国小额信贷发展促进网络"名义开展工作，秘书处设在交流中心。这个网络后改名"中国小额信贷联盟"，并挂靠到中国社会科学院主管的中国县镇经济交流促进会。中国县镇经济交流促进会成立了小额信贷发展研究分会，作为联盟的对外活动载体。

（3）继续改制的努力。2005年，中国人民银行开展小额贷款公司试点，交流中心曾尝试在试点的贵州省将其管理的小额信贷机构转制为小额贷款公司，但没有找到合适投资伙伴，无果而终。2008年，原银监会和中国人民银行联合出台的《关于小额贷款公司试点的指导意见》忽略了该项政策研究制定时考虑的扶贫初衷，各省将小额贷款公司当作普通放贷机构进行推动，均设置了较高的注册门槛。中国人民银行原本希望把公益性小额信贷机构改制为小额贷款公司的计划也因此搁浅。

2009年，交流中心委托专业机构调研，提出了对开发署小额信贷机构的改制方案。方案建议由交流中心参与发起成立资产管理公司，将开发署小额信贷机构的资产合并到资产管理公司，然后吸引投资参与，将公益小额信贷机构转制为小额贷款公司。但是，因为体制和机制等限制，这个方案没有被交流中心接受。其他建立资产管理公司的方案也都没有实现。

为了明晰产权，加强监管效力，提升运行质量，2007年交流中心相继推动甘肃省定西市安定区城乡发展协会和湘西州乡村发展协会进一步转制为民办非企业单位，分别成立了定西市安定区民富鑫荣小额信贷服务中心和湘西州民富鑫荣小额信贷服务中心（以下简称"湘西民富中心"）。交流中心和两地的原协会分别成为两个服务中心的发起单位。2013年，经交流中心牵线搭桥，安信永国际与湖南省湘西州政府达成协议，决定对湘西民富中心进行商业化改制。安信永参股的高信隆公司参与投资，于2015年建立了吉首市高信隆小额贷款公司（以下简称"高信隆小贷公司"）。原湘西民富中心的小额信贷资产和管理团队整体移交到高信隆小贷公司。

（4）结束管理。在交流中心管理的所有小额信贷项目或机构中，项目办的运行效果普遍不佳，至今大多数已停止运营或关闭。而运行良好的基本上都是协会或民办非企业单位形式的机构。但是，与大多数小额信贷项目机构化甚至商业化的趋势相反，近年来，由于国家对金融风险愈加重视，防控要求愈加严格，尤其是对非金融机构不得从事金融业务的限制，一些乡村发展协会担心自身业务的合法性受到质疑，从而影响信贷业务开展和资金安全，遂又转回以项目办的名义开展业务。

早在小额信贷项目机构化时期，交流中心曾建议开发署将其援助的小额信贷资金所有权移交给商务部，由交流中心负责管理。但开发署始终没有同意，坚持归开发署所有。2018年，开发署与交流中心在小额信贷机构后续发展问题上达成共识，决定与小额信贷机构脱钩，将小额信贷资金所有权移交给小额信贷机构，并为愿意改制的机构提供技术支持。

3. 中国扶贫基金会小额信贷管理体制的变迁

（1）小额信贷项目的由来。中国扶贫基金会的小额信贷项目起源于1996年世界银行支持中国政府实施的"秦巴山区扶贫项目——贫困社区综合开发项目"（以下简称"秦巴项目"），最初由国务院扶贫办外资项目管理中心统筹管理，并由中国西部人力资源开发中心具体管理与实施。2000年，国务院扶贫办外资项目管理中心、中国西部人力资源开发中心和中国扶贫基金会签订协议，正式将秦巴项目的小额信贷管理权移交给中国扶贫基金会。这个管理权的移交，主要是因为基金会可以对外募集专项资金，以解决项目运行过程中的培训和管理经费，以及世界银行项目结束后的后续融资等问题。2001年以后，经国务院扶贫办同意，扶贫基金会除管理秦巴项目区中3个县的小额信贷项目之外，先后在福建、山西、贵州、广西等省（区）的7个县也开展了小额信贷试点工作。这同时也标志着扶贫基金会的小额信贷扶贫试点获得国家许可。

（2）农户自立能力支持性服务社的双重管理体制。秦巴项目小额信贷分项目实施之初，就成立了小额信贷操作机构，名称为"××县农户自立能力支持性服务社"（以下简称"服务社"），在当地民政局注册为社团，由项目县扶贫办作为业务指导单位。当时国务院扶贫办和世界银行都意识到了社团组织形式的小额信贷机构存在的发展障碍。世界银行的相关评估报告指出："鉴于在中国成立新的金融机构，要求有较高的股本金底数及其他有关规定，合作社在项目执行阶段不能成为正式的商业性金融机构，但可以成为信托投资公司。国家项目办和服务社计划积极推动这种法律地位的变化"。

作为县级项目执行机构，服务社分为两类。第一类是世界银行项目区的服务社，是当地政府世界银行项目管理中心的下属机构，受当地的世界银行项目管理中心与中国扶贫基金会的双重管理。服务社主任是当地世界银行项目管理中心派出的人员，其他工作人员基本上是当地世界银行项目管理中心所属人员，也有一些由当地乡镇干部兼职。第二类是非世界银行项目区的服务社，在业务上直接归中国扶贫基金会管理，一般工作人员均是从社会公开招聘，经中国扶贫基金会考察后录用，主要管理人员一般由当地政府委派或推荐，经中国扶贫基金会考核后任命。所以，各个服务社的主任一般都是当地在职干部。

为了加强对服务社的管理和协调，中国扶贫基金会在项目区注册成立了联络处，作为基金会的外派机构。联络处主任由中国扶贫基金会从当地政府部门（尤其是扶贫办）干部中聘请来兼任。联络处主要是为了解决国家关于地方财政扶贫资金不允许出省的政策规定而设置的小额信贷项目资金专管机构，它直接接受扶贫基金会小额信贷项目管理总部关于项目资金在扶贫基金会和服务社之间进行流转的指令，但联络处没有对项目资金的支配权。此外，它也是联系扶贫基金会和地方政府的协调机构以及对服务社项目执行情况进行监督、检查的机构，接受总部指令并向总部反映项目运作重要情况。

在上述模式下，当时的小额信贷工作模式，主要是基金会提供技术管理并定向募集项目操作经费及部分贷款本金，项目地区扶贫办负责筹集大部分贷款本金，并成立机构来具体操作。实施中，出现了项目管理权责不清的现象，致使一些地方小额信贷项目产生了呆坏账和难以持续的问题。当时世界银行检查团在对三个项目县的检查中发现，由于项目当地政府（县级政府）要对偿还世界银行贷款提供担保，它们对于干预项目操作机构和小额贷款的运行的愿望非常强烈，风险贷款中的大部分是因此产生的；三个项目县的政府都干预过项目执行机构的人事任用，至少有两个县的政府从小额信贷执行机构挪用项目资金到非项目乡镇使用。

双重管理模式下，管理责权不清晰，导致扶贫基金会与地方政府在小额信贷资金管理上经常发生冲突，严重影响了小额信贷运行质量。

（3）独立管理体制的建立和发展。2004年6月，国务院颁布了《基金会管理条例》，删除了原办法中第三条关于"基金会不得经营管理企业"的条文。2005年，为理顺项目管理体制，中国扶贫基金会与四个项目县及其省扶贫办协商，将原来由地方成立机构、扶贫基金会管理的合作模式，改为由扶贫基金会直接在项目县成立一家民办非企业单位（在当地民政局登记注册，上级主管单位为县扶贫办），即县农户自立服务社，作为小额信贷项目的县级操作主体；省、县扶贫办作为合作方，负责项目监测职能，但不参与项目实施；省、县扶贫办提供的配套资金委托扶贫基金会管理，但约定只能用于在本县发放小额信贷。此后，项目实施运行较为顺利，到2008年年底这种合作模式扩展到17个县。

（4）中和农信项目管理有限公司的管理体制与放贷资格。随着小额信贷业务的发展，扶贫基金会认为，小额信贷项目的实施在客观上要求遵循专业化、市场化的运作方式，以解决市场融资和专业管理问题，同时将基金会的其他公益性资产与小额信贷业务分开，实现风险隔离，所以，应借鉴国际上也有一些案例，如孟加拉国格莱珉银行、柬埔寨ACLEDA银行和印度的SKS公司等，从慈善组织实施的小额信贷项目转型为面向低收入群体服务的市场化小额信贷机构。

2008年年底，扶贫基金会在世界银行集团下属的国际金融公司的技术援助下，以其小额信贷部为基础，在北京市朝阳区工商部门注册成立了"中和农信项目管理有限公司"（以下简称"中和农信"），授权其管理基金会的小额信贷机构。

但是，这次转制并没有解决中和农信的信贷业务主体资格。2014年年底，国家审计署在审计国家开发银行时，针对开发行对扶贫基金会提供的批发贷款，提出了扶贫基金会和中和农信不具备放贷资质的问题。2015年3月，时任国务院副秘书长召集农业部、中国人民银行、审计署、银监会、扶贫办和开发行等部门负责同志进行专题研究，国办在上报领导的会议纪要中提出"在发展中规范，在规范中发展"，"请人民银行、银监会会同有关部门实事求是地研究提出解决方案，实现基金会小额信贷业务经营合法化"。此后，扶贫办有关同志带领基金会和中和农信负责人分别去人民银行和原银监会汇报。

根据中国人民银行和原银监会的建议，中和农信成立了地方全资小额贷款公司，逐步将农户自立服务社的放贷业务转给小贷公司。自2015年年底起，中和农信陆续在内蒙古、海南、重庆、湖南成立了农村小贷公司，将德阳市中和农信小贷公司变更为四川省中和农信小贷公司，收购甘肃临夏州和政县金麦小贷公司，将其更名为临夏州和政县中和农信小贷公司。经海南、重庆两地金融办批准，中和农信在这两地的小贷公司获得了互联网小贷牌照。自2017

年4月起,中和农信的小额贷款全部通过其全资小贷公司发放,以这种方式解决了放贷资质问题。

(5)中和农信公司的股份制改革。中和农信成立之初,扶贫基金会的股份占比最高。随着以后不断增资扩股,扶贫基金会的股权比例逐渐降低。2018年6月,中和农信公司进行了6亿元的C轮融资,融资完成后,中和农信的股东包括蚂蚁金服旗下的全资子公司上海云鑫创业投资有限公司(以下简称"云鑫创投")、睿思基金、中国扶贫基金会、国际金融公司(International Finance Corporation, IFC)、红杉资本中国基金、仁达普惠以及天天向上基金(见表4)。其中最大股东是云鑫创投,扶贫基金会成为第三大股东。

表4　　　　　　　　　　公司股东和持股结构

公司名称	持有公司注册资本额(人民币/万元)	持有公司注册资本比例(%)	股东性质
中国扶贫基金会	18447.52	18.40	内资
国际金融公司	10601.89	10.57	外资
Multi Ace Limited	7623.10	7.60	外资
上海云鑫创业投资有限公司	34266.98	34.17	内资
天天向上基金	3984.02	3.97	外资
宁波仁达普惠投资管理合伙企业(有限合伙)	5485.13	5.47	内资
睿思基金	19866.47	19.81	外资
合计	100275.11	100.00	

注:由于四舍五入的原因,合计可能不完全等于100%;下同。

（三）商业化、股份化与坚持非营利性——几个具有代表性的小额信贷机构

1. 商业化转制：宁夏东方惠民小额贷款股份有限公司

（1）组织形式变迁阶段划分。宁夏东方惠民小额贷款股份有限公司是中国第一家由非营利性小额信贷机构转制而成的小额贷款公司。东方惠民组织形式变迁经历了三个阶段。第一是项目办阶段，即1996—1999年，在爱德基金会资助的"盐池县爱德治沙与社区综合发展项目"下，盐池县政府成立外援项目办公室，开展小额信贷扶贫活动。第二是民间组织阶段，即2000—2008年，先是社团法人盐池县农村发展协会成立，然后由该协会成立了民办非企业单位形式的盐池县小额信贷服务中心，作为小额信贷操作机构。为更好地服务于贫困妇女，2002年盐池县农村发展协会更名为盐池县妇女发展协会（以下简称"协会"），服务中心仍作为协会的小额信贷操作机构（以下简称"服务中心"）。第三是公司阶段，即自2008年10月至今。2008年10月，服务中心与爱德基金会、宁夏扶贫与环境改造中心（香港嘉道理基金会资助成立的非营利组织，以下简称"改造中心"）、协会三家民间组织共同发起，吸收宁夏绿海公司、宁夏众工电气公司两家企业参股，组建了股份制企业宁夏惠民小额贷款公司（以下简称"宁夏惠民"），成为中国第一家转制为小额贷款公司的公益性小额信贷机构。2015年，宁夏惠民接受国有企业东方邦信资本管理有限公司参股。为便于推动企业上市计划，宁夏惠民更名为"宁夏东方惠民小额贷款股份有限公司"（以下简称

"东方惠民")。

（2）股权结构的变化。宁夏惠民成立之后，股东和股权结构一直处于调整之中。2011年，改造中心、协会、爱德基金会三家NGO的股份共占79%，处于绝对控股地位。[①] 截至2017年12月底，东方惠民共有七家股东，分别是宁夏普惠投资咨询有限公司、东方邦信资本管理有限公司、宁夏众工电气工程有限公司、盐池县和建工贸有限公司、银川博如信息咨询服务有限公司、北京小微悦一号股权投资基金管理合伙企业、盐池县普惠农业技术咨询服务有限公司。其中最大股东是宁夏普惠投资咨询有限公司，股权占比为42.4%（见图2）。

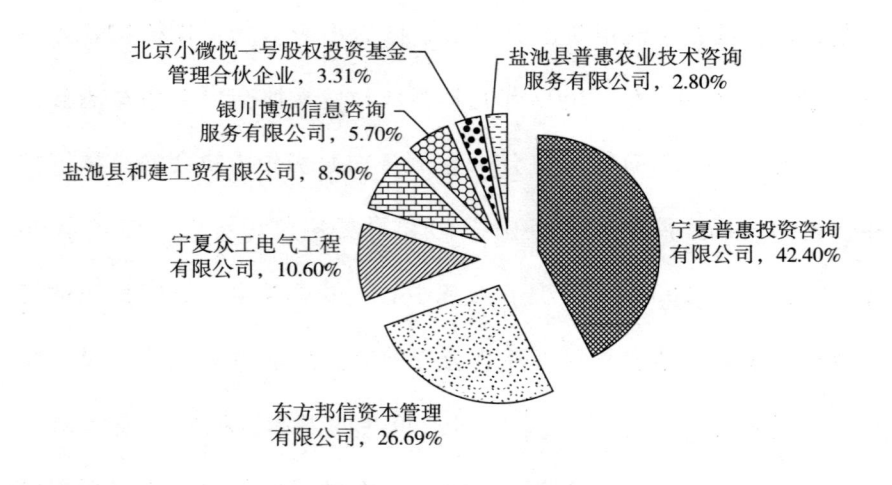

图2 宁夏东方惠民小额贷款公司股权结构

资料来源：根据东方惠民小贷公司资料整理。

[①] 孙同全：《社会企业道路：中国公益性小额信贷组织转制问题初探》，社会科学文献出版社2013年版，第129页。

尽管盐池小额信贷机构转制为小额贷款公司，但是其宗旨和市场定位没有改变，仍然坚持"面向三农，关注贫困，微贷惠民"的宗旨，并将发展目标定为"打造中国一流乡村银行，惠及千千万万低收入家庭"。

2. 股份化改制：重庆开州民丰互助合作会

（1）组织形式变迁阶段划分。重庆市开州区民丰互助合作会（以下简称"合作会"）起源于20世纪90年代的小额信贷扶贫试点。其组织形式和治理机制的发展大致可以分为三个阶段。第一阶段是1988—2001年，机构化建设。1988年，国务院扶贫开发领导小组决定在四川探索成立扶贫开发公司开展信贷扶贫，开县（现开州）被列入四川省四个试点县之一，经县政府批准组建开县扶贫开发公司，负责全县扶贫贷款的发放和管理工作。1997年，全国扶贫办系统推广GB小额信贷扶贫模式，重庆市扶贫领导小组批准将开县作为首个试点县。开县扶贫开发公司负责人作为自然人发起，在开县民政局登记注册成立开县开发扶贫社，承担开县扶贫开发公司的农户小额信贷扶贫工作，其业务主管部门为开县扶贫办。

第二阶段是2001—2006年，接受中国扶贫基金会业务管理。2001年，开县开发扶贫社的小额信贷扶贫业务纳入中国扶贫基金会的小额信贷扶贫试点中，开县开发扶贫社负责人作为自然人发起成立了开县农户自立能力建设支持性服务社（以下简称"服务社"），承接开县开发扶贫社所有业务。

第三阶段是2006年至今，股份化改制，并推行会员制。2006年，服务社与中国扶贫基金会脱钩。同时，2006年以后，重庆市扶贫办、财政局停止发放对全市扶贫小额信贷机构的财政经费补贴，服务社出现经费困难、亏损较大的问题，面临停运的局面。服务社如果停运，将面临三个现实问题：一是广大山区贫困农民将失去信贷帮扶，二是60多名员工将失去工作，三是原农户贷款将无法收回，从而带来诸多不确定的不稳定因素。为谋求稳定和发展，服务社进行了内部股份化改制，按照员工职务高低、岗位责任的大小确定持股份额。这样，由47名员工共出资76万元作为注册资本金，在民政局登记注册了开县民丰互助合作会（2016年随开县撤县设区，更名为重庆市开州区民丰互助合作会），取代了服务社。股份化改制让员工成为股东，员工工作积极性高涨，内部管理及经营走上正轨。改制后，信贷规模逐年增大，合作会先后多次面向社会增资扩股。截至2018年年底，股东达到200人，注册资本金5000多万元。

（2）会员制方法。与其他非营利性小额信贷机构类似，改制后的合作会也面临着融资渠道狭窄的困境。合作会从GB模式中社员定期储蓄受到启发，于2009年推行会员制，开展资金互助。其具体做法是：符合条件的农户提出申请，缴纳100—2000元身份会费，办理会员证成为合作会会员；会员可按其身份会费1∶50放大，向合作会申请贷款；会员多余的闲散资金可自愿缴入合作会，作为互助金，并在会员间开展资金互助；互助金以所在乡镇分会为考核单位，70%投放到当地分会会员，其余30%交总会作为备付金。对互助金及身份会费，合作会按照银行同期同档次存款利率标准支付资金占用费，并可享有合作会收益奖励，存入互助金的会员不承担经营风险。目前，会员身份会费和互助金总额达到3.5亿多元。会员会费及互助金成为合作会信贷资金的主要来源，很好地解决了小额信贷资金规模小、后续资金不足的问题。会员制和资金互助的推行，增强了合作会与会员、会员与会员的互助合作关系。

（3）股权与组织结构。2008年实施股权改革以来，合作会经过6次增资扩股。目前股东达到200人（其中包括106名合作会职工），注册资本金5137万元。200个股东中，最大股东持股2.34%，前10位股东持股18.38%。内部职工持股形成较好的股权激励，较为开放的增资扩股策略吸引了社会资金，缓解了资本金不足的问题。同时，社会股东不具备决策权，避免了外来股权对决策的影响，保持了机构的自主独立性。

合作会的组织结构和实际运行呈现出合作制和公司制相结合的特征。首先，组织结构采用了会员制合作组织结构，设有会员代表大会，并由会员代表大会选举出理事和监事，组建理事会和监事会。理事会聘任秘书长为法定代表人，负责日常经营管理。其次，经营风险由出资股东承担，表现出明显的股份制特征（见图3）。合作会的组织结构由原来的GB模式小额信贷管理架构演变而来，仍然带有GB模式的特征，如村庄一级的社级中心。

3. 坚持非营利性：四川省仪陇县乡村发展协会

与中国大多数非营利性小额信贷商业化或股份化转制不同，四川省仪陇县乡村发展协会（以下简称"仪陇协会"）不仅坚定地坚持其非营利组织身份，而且更加追求其推动农村社区发展的项目初衷。

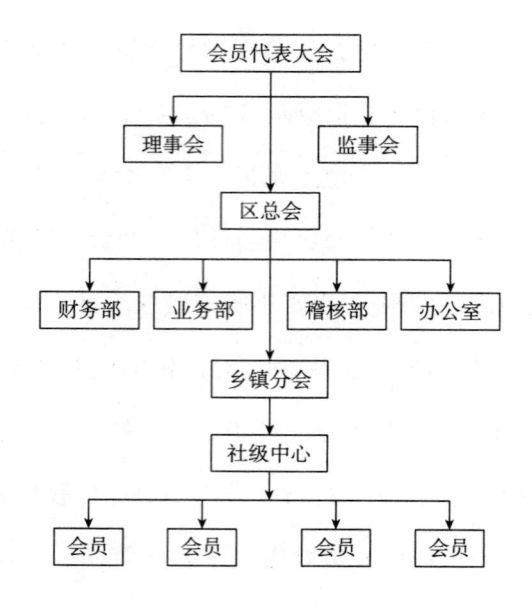

图3 开州区民丰互助合作会组织结构

（1）主营小额信贷的农村社区发展机构。仪陇协会起源于1995年中国国际经济技术交流中心统一管理的联合国开发计划署援助的"乡村综合扶贫与可持续发展项目"，小额信贷是项目内容之一。为了项目结束后小额信贷能够可持续发展，1996年3月，仪陇协会正式注册成立。项目结束后，除了以小额信贷为核心业务之外，仪陇协会还继续开展其他农村社区发展活动，包括农业生产技术培训、助学等，但这些活动主要依靠募集的慈善捐款或政府专项资金来支持，没有专门资金支持时，就无法开展。总体而言，仪陇协会更多的是一个小额信贷机构，秘书处内设综合部、信贷服务部、技术服务部，协会下设乡镇分会，村级设有中心会议和农户小组（见图4）。

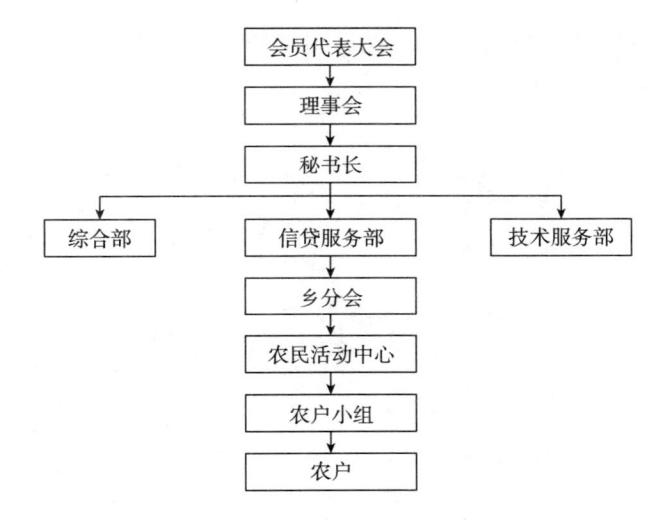

图 4　仪陇县乡村发展协会成立时的组织结构

仪陇协会的组织结构也是在 GB 小额信贷模式基础上建立起来的。其中的农民活动中心（村中心会议）对提高农民组织化程度、教育农民、加强农民协助、提高农民发展能力都发挥了重要作用。但是，随着中国经济快速发展，农村人口大量外出打工。到 2004 年，仪陇县农村青壮年男女劳动力大都外出打工，剩下的是老人、幼儿、病人。在这种情况下，中心会议逐渐开不起来了，农户联保小组也失去作用，加上协会内部的管理也存在问题，小额信贷业务发展不顺。

（2）建立村级互助基金。但是，仪陇协会没有停止对推动农村社区发展有效方式方法的探索。2005 年下半年，仪陇协会挑选有积极性的村庄建立村级互助基金，开始尝试孵化农民合作组织。2005—2008 年，仪陇协会先后培育了 22 个村级互助基金。为了管理村级互助基金，仪陇协会对内部机构进行了调整，成立了发展部。这样,仪陇协会的组织系统得到延伸,其组织结构如图5所示。

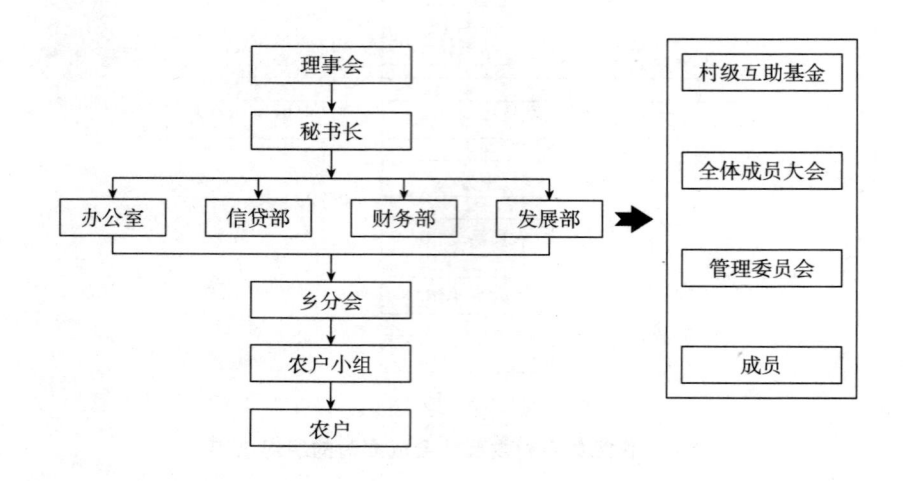

图5 仪陇协会2008年的组织结构

(3)推动乡村产业与社区发展。乡村发展需要以产业作为依托,并且需要适当的经营主体。2014年,仪陇协会引进了产业发展基金,引导农户发展肉牛养殖业,并支持农民合作社和家庭农场带动小农户发展肉牛产业。为此,仪陇协会建立了托管平台,帮助村级互助基金转注册为农民专业合作社,对合作社的财务和资产经营进行托管,并进行家庭养牛农场的孵化,帮助农场引进肉牛新品种,并推动农场带动周边小农户共同发展。此外,仪陇协会还引进养牛技术服务公司,为养牛户提供技术服务。

除产业发展之外,仪陇协会还继续开展社会公益活动,针对农村社会因为贫困和社会转型冲击而产生的大量特困事实孤儿(农村中被遗弃的单亲特困家庭儿童、农村残疾特困家庭儿童、农村重特大疾病、家庭暴力、服刑人员家庭子女等）和乡村小学教育落后的问题，募集慈善捐赠资金，开展了特困事实孤儿陪伴和缩小城乡教育差距的公平教育公益项目。为了实施这些公益项目，仪陇协会于2010年创建了社会服务部。这样，仪陇协会的组织结构向乡村发展促进机构更近了一步（见图6）。

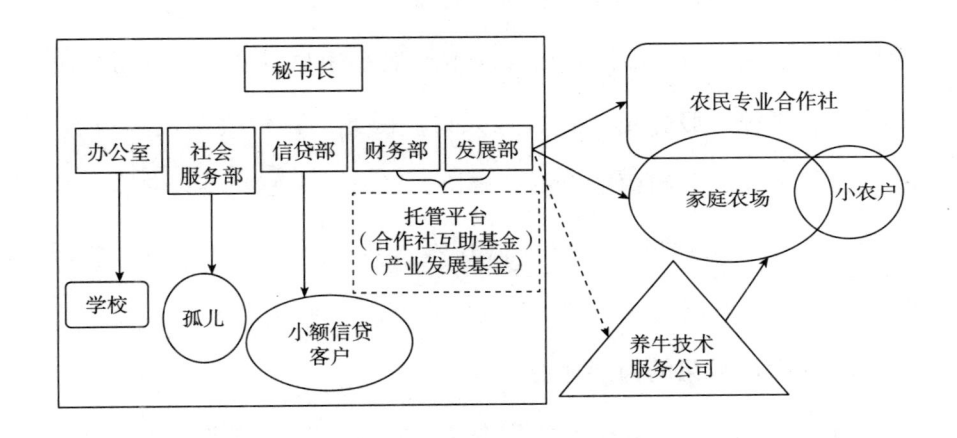

图6 仪陇协会2010年的组织结构

目前，仪陇协会的主要收入来源是小额信贷和慈善捐赠的项目资金。其中小额信贷业务收入比较稳定，为仪陇协会日常业务开展提供了基本的经费保障。所以，仪陇协会已经成为以小额信贷业务为生存基础，推动乡村产业和社区发展的综合性服务机构，将小额信贷的经济效益与社会价值比较好地结合在一起。这也是开发署援助项目最初的总体目标。

仪陇协会的组织宗旨和目标以及业务内容与国家乡村振兴战略完全合拍，其组织结构与治理机制也与其宗旨和目标相配合。可以说，仪陇协会是名副其实的乡村发展协会。

（四）改制的效果

1. 改制成功与否的判断标准

中国非营利性小额信贷机构不断改制的目的基本上可以概括为两点：一是获得合法的放贷资格，二是突破融资限制。但是，这两个问题的解决是为了能够合法合规地开展小额信贷业务，而且能够扩大资金规模，服务更多低收入人口。因此，评价改制成功与否，不仅要看上述两个问题是否得到解决，同时，还要看是否坚持了原来的扶贫目标或者惠及了更多低收入人口。只有实现了这三个目标，才能够说改制是成功的。

2. 对改制效果的简要评价

（1）是否获得了合法的放贷资格。在合法的放贷业务主体资格问题上，东方惠民解决了；中和农信下属的小额贷款公司解决了，但公司总部没有解决；民丰和仪陇没有完全解决；交流中心管理的大多数小额信贷机构或项目没有解决。就当下的法律环境和非营利性小额信贷机构转制的经验看，似乎只有转制为小额贷款公司这一条出路。

（2）融资限制是否得到突破。中和农信与东方惠民都以公司制的形式部分解决了融资问题，东方惠民得到了国有企业和社会资本投资，并得到了银行批发贷款。中和农信不仅得到国际金融机构、社会资本投资，还得到了风险资本投入，甚至在深交所发行资产支持证券（ABS）。尽管如此，中和农信和东方惠民都仍然感到融资渠道不畅。民丰合作会因为只在本县范围内开展业务，需要的资金量远小于中和农信和东方惠民，其股份化改制和实行会员制在很大程度上解决了融资问题。其他没有改制的非营利性小额信贷机构都没有解决融资问题。

（3）是否坚持了既定的扶贫目标。本文所分析的三家小额信贷管理系统下的小额信贷机构以及三家典型的小额信贷机构在组织制度不断变迁之后，尽管其客户群体或主要群体可能不是最贫困的人群，而且服务区域可能扩展到乡镇，但是其服务的重点目标群体仍然主要是低收入农户，他们的服务宗旨和市场定位没有改变，反而服务的人群和地域范围更大。从这一点说，上述非营利性小额信贷机构的改制效果是值得肯定的。

（五）需要讨论的问题

1. 改制后的小额信贷机构是否仍具有非营利性

"非营利"一词来自英文的"non - profit"或"non - for - profit"，意思是"不是为了利润"。所以，"非营利组织"就是"目的不是为了利润的组织"，即其创建人或出资人创建这类组织的目的不是为了自己获得经济回报，而且在结果上，这些组织也不能将利润分配给创建者或出资人，他们也不能成为这类组织的所有人。这被称为"非分配约束"（nondistribution constraint）。[1]

---

[1] Henry Hansmann, "The Role of Nonprofit Enterprise", *The Yale Law Journal*, Volume 89, Number 5, April 1980.

在法律上，各国对非营利组织缺乏明确统一的定义，并散见于不同法律中。例如，美国的非营利组织定义主要体现在联邦税法当中，是指不向组织的控制者分配利润，并借由服务于公共利益而获得免税待遇的自治组织。[1] 中国关于非营利组织的定义主要体现在《民间非营利组织会计制度》当中，该制度对民间非营利组织进行了列举式的定义：民间非营利组织包括依照国家法律、行政法规登记的社会团体、基金会、民办非企业单位和寺院、宫观、清真寺、教堂等。

非营利组织除了受到"非分配约束"之外，其本质特征还集中表现在三个方面：一是资源的社会性，即组织得以存续和运作发展的资源主要来自社会，主要形式是捐赠或会费，以及志愿服务等；二是产出的社会性，即组织提供的产品或服务具有较强的利他或公益导向，其受益对象是不特定的多数社会成员，或是社会上的弱势群体；三是问责的社会性，即这类组织在运作管理过程中要受到来自社会及公共部门的监督。[2]

根据上述非营利性及非营利组织的概念和特征，小额信贷机构改制之后是否还属于非营利性机构呢？仅从"非分配约束"和资金来源角度看，商业化或股份化改制后的小额信贷机构已不具备非营利性组织的特征。相反，为了保持其非营利性组织特性，仪陇协会

---

[1] Elizabeth T. Boris and C., *Eugene Steuerle*: *Nonprofits and Government*, 2d ed., Urban Institute Press, 2006, p. 3.
[2] 孙同全：《社会企业道路：中国公益性小额信贷组织转制问题初探》，社会科学文献出版社 2013 年版，第 50 页。

在小额信贷业务中退还了从员工和企业借入的资金,无须向任何人分配经营利润。

2. 不具非营利性特征是否妨碍了初始扶贫目标

如前所述,上述小额信贷机构的改制并没有偏离最初的扶贫目标,反而随着资金规模的扩大和人员专业化程度的提高,服务到了更多中低收入人群。所以,至今中国非营利性小额信贷商业化或股份化改制尚未显现对原定的社会发展目标的偏离或明显偏离。一方面是这些机构对社会发展目标的坚持,另一方面也说明了面向中低收入人群的小额信贷市场具有可持续性的商业开发价值,即孟加拉国格莱珉银行创始人尤努斯教授所讲的穷人能够借贷(the poor are bankble)。

但是,由于原有的公益捐赠小额信贷资金的所有者缺位,且随着改制后私人和企业投资的不断增加,公益产权占股比例不断减少,除了中低收入人群小额信贷市场的商业开发价值驱动力之外,还会有其他的致力于服务弱势群体的内在动力吗?

3. 改制后的公益产权利益谁来代表和行使

中国非营利性小额信贷最初建立在公益捐赠资金的基础上,如上所述,改制后公益产权占比减少,那么,公益产权能否与其他股东一样分红呢?没有公开信息能够回答这个问题。

公益产权分红有什么用呢?一是可以用于作为留存收益扩大资本金,以扩大业务能力;二是可以作为原非营利组织(是改制后的小额信贷机构的发起人,名义上依然存在)的收入,继续从事其他公益事业。如果是第一种用途,那么其他股东是否也不分红,而把应得的红利也重新投入资本金，扩大生产呢？如果不是这样，为什么要公益产权的红利重入资本金，而得不到分红呢？

公益产权由谁代表，其权利由谁来行使也是个问题。公益捐赠财产是社会财产，不属于某个人或某个机构，属于公益信托财产，①在法律上应该由原接受捐赠的非营利组织受托管理和处置。在改制成立了新的商业企业之后，公益产权应该由原受赠机构代表行使，并将受益用于公益目的，除非政府另有规定。

所以，非营利性小额信贷机构改制中的公益产权是一个不容回避，且应公开公正解决的问题。

4. 怎样构建社会企业

为穷人提供金融服务的小额信贷机构常常被称为社会企业。但是何谓社会企业，全世界至今没有一个统一的或普遍接受的定义。很多人只把社会企业与开始转向营利或开展创收活动的非营利组织相联系。②孟加拉国格莱珉银行创始人尤努斯教授将社会企业称为"social business"，认为社会企业的目标是通过商业手段解决社会问题，包括创造和销售产品和服务，而且"社会企业与非营利组织不同，有投资者和所有者"。尤努斯教授将社会企业分为两类，第一类不能分红，但是投资者可以将投资收回；第二类是由穷人拥有的营利企业，如孟加拉国格莱珉银行，可以向这些穷人股东分红，这

---

① 孙同全：《扶贫小额信贷与公益信托制度研究》，经济科学出版社 2006 年版，第 116—121 页。

② J. Gregory Dees, The Meaning of "Social Entrepreneurship", http：//www.caseatduke.org/documents/dees_ sedef.pdf, 2011/8/9.

样做是在消除贫困，帮助解决社会问题。①

中文"社会企业"这四个字比较准确地反映了这一概念的实质。所谓企业，是与市场中的其他经济组织一样，提供产品和服务，赚取一定的利润；所谓社会，就是这种组织从事营利活动的目的是解决社会难题，实现一定社会公益目标。因此，社会企业具有两个本质特征：一是社会企业的目的是解决社会难题，推动社会和谐、进步；二是社会企业以市场化的商业活动作为组织生存、发展和解决社会问题的手段。② 但是，困难在于：怎样判断一个组织或企业是否真正以社会利益为目标，怎样判断这个组织或企业的商业化活动是服务于社会目标的手段，不是为所有者谋利的手段？

英国 2005 年实施了《社区利益公司规则》（*The Community Interest Company Regulations* 2005），意在为社会企业创设的一种组织形式。社区利益公司（Community Interest Company，CIC）可以采取股份有限公司（Companies Limited by Shares）、担保有限公司（Companies Limited by Guarantee）、同业互济会（Industrial and Provident Societies）、非法人团体（Unincorporated Associations）以及注册的慈善机构（Registered Charities）。社区利益公司包括两个核心特征：一是资产锁定，即公司的资产是为社区利益而使用；二是公司红利分配限制，即对分配给股东和其他出资者的红利进行限制，以保证

---

① 这样的定义意味着企业的投资人或所有者必须是一个利他主义者。见 Muhammad Yunus，Building Social Business—The New Kind of Capitalism that Serves Humanity's Most Pressing Needs，Public Affairs，New York，2010，pp. 1 - 2。

② 孙同全：《社会企业道路：中国公益性小额信贷组织转制问题初探》，社会科学文献出版社 2013 年版，第 64 页。

红利首先主要用于实现社区利益。①

在美国，一些州在有限责任公司法的基础上，专门为社会企业创设了一种新的有限责任公司形式，称为低利有限责任公司（Low-profit limited liability Company，L3C），"创收和资产增值不是公司的主要目的"②，其宗旨是实现社会目标，而将盈利作为次要目标。L3C 是正常的纳税公司，但是其宗旨和法律规定其只能从事低利润的事业，这些事也一般都是涉及公共利益的事业。L3C 的意义在于为愿意向公益事业投资的私人提供了投资载体，并且使这样的社会企业可以得到符合美国国税局（Internal Revenue Service）规定的"项目相关投资"（Program Related Investments）的税收优惠，扩大了社会企业的资金来源，推动了公益事业的发展。③

可见，社会企业定义和行为规范需要以法律明确规定下来，并给予社会企业相应的财税优惠政策，以鼓励和支持其健康规范发展。

---

① 参见 UK Stationery Office：*The Community Interest Company Regulations* 2005，http：//www. legislation. gov. uk/uksi/2005/1788/contents/made。自从《社区利益公司规则》颁布以来，平均每个月有 100 多家 CIC 成立，截至 2011 年 7 月，英国已经约有 5400 家 CIC。见 CIC Association：What is a CIC，http：//www. cicassociation. org. uk/about/what-is-a-cic。

② Muhammad Yunus：Building Social Business—The New Kind of Capitalism that Serves Humanity's Most Pressing Needs，Public Affairs，New York，2010，p. 128.

③ 截至 2011 年 8 月，美国已经有 10 个州制定了 L3C 法规，共有 432 家 L3C 成立。参见 Intersector Partner L3C：http：//www. intersectorl3c. com/l3c_tally. html。

五 中国非营利性小额信贷机构业务模式及其变化

（一）目标客户与市场定位

在小额信贷机构不断发展和完善的过程中，逐渐分化出以利润最大化为目标的商业小额信贷机构和以社会公益、扶贫助困为使命的非营利性小额信贷机构。

相比商业性小额信贷机构，非营利性小额信贷机构的目标客户主要是被排斥在正规信贷市场之外的低收入群体。商业性小额信贷机构的根本目标是利润最大化，在其生存发展过程中使命漂移现象日趋严重，服务对象不再限于贫困人群；而非营利性小额信贷机构在保持自身一定可持续发展能力的同时，更加关注社会绩效，致力于向小微企业、贫困边远地区农户以及城乡低收入家庭这些被排斥商业金融机构之外的弱势群体提供信贷支持。

表5　　非营利性小额信贷机构与商业小额信贷机构的对比

机构类型	根本目标	目标客户
商业性小额信贷机构	利润最大化	不仅限于小微企业、贫困边远地区农户以及城乡低收入家庭等弱势群体
非营利性小额信贷机构	社会绩效	小微企业、贫困边远地区农户以及城乡低收入家庭弱势群体

非营利性小额信贷机构种类较多,根据机构性质可以分为社会团体法人、公司法人、合作社以及项目型小额信贷机构,社会团体法人性质的非营利性小额信贷机构包括妇联参与和非妇联参与的两类机构。如表6所示,不同性质的非营利性小额信贷机构倾向于服务不同类型的客户,产品设计也各具特色。

表6　　非营利性小额信贷机构目标客户与产品市场

社会团体法人	目标客户	产品市场
其中:妇联参与的社会团体法人	失业妇女、科技型女性微小企业家、中低收入家庭妇女、贫困妇女、女大学生	妇女创业经营贷款、小微企业贷款、农村创收贷款、城镇创业贷款、应急贷款、小额担保贷款、贷免扶补、教育贷款
非妇联参与的社会团体法人	建卡贫困户、农户、小微企业	脱贫贷、三权抵押贷、农户贷、微企贷
公司法人	农户、个体	农户联保贷款、农户个人贷款、其他个人贷款、标准小组贷款产品小企业类产品、授信产品
合作社	建档立卡贫困户、社员及其子女	扶贫小额信贷、支农贷款、资金互助
项目型小额信贷机构	农户、贫困妇女	小型信贷、妇女信贷

（二）产品和服务模式的变化

非营利性小额信贷机构注重产品和服务模式的可持续发展，产品和服务模式更加多元化、联保担保贷款比重增加、反担保门槛适当降低、女性客户更受关注、"一站式"服务更便捷、非金融服务更丰富，为促进普惠金融和社会创业就业的发展做出了积极有效的探索。

1. 产品服务更加多元化

随着非营利性小额信贷机构由依赖补贴向可持续发展的全面转型，其提供产品和服务的方式也相应地由供给导向型的单一项目服务模式转化为需求导向型的多元产品和服务模式。第一，拓展受惠人群。非营利性小额信贷机构逐步创新贷款产品设计，最大限度地拓展受惠人群，比如向农村贫困妇女发放的农业生产创收贷款、向进城务工妇女以及大学生发放的创业贷款、向退伍军人以及残疾人士发放的就业贷款、向贫困高中生和大学生发放的教育贷款以及向其他贫困农户发放的应急贷款等，贷款业务大多采用分期方式还款，客户可以采取按月或按季等额还款、宽限期还款、不规则还款等方式。第二，丰富产品和服务，满足多元金融需求。非营利性小额信贷机构致力于向小微群体提供多种选择，满足客户的多元化金融需求。

兰考县南马庄"粮食信托"

河南省兰考县南马庄生态农产品专业合作社设计"粮食信托",社员在水稻收获季节可以将水稻以略高于市场价格的价格销售给合作社,合作社按照12%的年利率进行计息。合作社开设三联单凭证,客户可以使用第二联随时支取款项。合作社规定将利润的60%返还给合作社成员,将近10%的利润拿来做公益事业建设。截至2017年,合作社成员的分红总额已达到了130万元。

赤峰市昭乌达妇女可持续发展协会"妇女互助贷款"

赤峰市昭乌达妇女可持续发展协会开发了"妇女互助贷款",该产品要求存款与贷款挂钩,要贷款必须先存互助基金;同时贷款额度较大,贷款额度最大可以放大到存款额度的5倍,但最多不超过3万元。2015年已发展妇女互助贷款客户306户,发放贷款634万元,收取互助基金144万元。

开州区民丰互助合作会"三权"抵押贷款

重庆市开州区民丰互助合作会对3万—5万元贷款实行"三权"抵押,即农村房屋产权、林权、土地经营权,由分会信贷员实地考察发放贷款,每月末交由县会统一审核,并在县林业局、国土房管局、农委进行登记。2017年"三权"抵押贷款占整个贷款金额和户数的22.82%和15.9%,户均贷款额为4.25万元。

中和农信"乡信"网络借贷平台

中和农信成立"乡信"网络借贷平台,客户经理为农户提供贷前培训和资质调查后,将审核通过的信息发布在"乡信"网站,出借人将资金借给农户,获得债权,每个月的还款日,借款人根据《还款计划》通过"乡信"将本息归还出借人,出借人收到本息后,既可以选择提现,也可以将资金继续出借,帮助更多的人。"乡信"网络借贷平台自2015年9月上线至今,共有9.47万人出借资金,帮助了14.67万个农户,撮合交易共计36.81亿元。

2. 联保担保贷款比重增加

在31家非营利性小额信贷机构样本中，12家机构提供了2013—2017年的联保担保贷款情况。2013—2017年非营利性小额贷款机构的产品担保方式中，联保和第三方担保贷款占比显著上升，由2016年的50%上升到2017年的90.5%，将近翻一番，信用贷款比重大幅下降，由2016年的41.53%下降到2017年的8.41%，质押抵押贷款比重也有所下降，2017年只占1.09%。非营利性小额贷款机构的信用体系尚未成熟，而抵押质押贷款的硬性条件过高，因此联保担保贷款成为主流贷款产品。在偏远地区和贫困地区，道德舆论约束力强，自然人在自愿基础上组成联保小组，成为互相监督、互相约束形成信贷利益共同体，成员之间彼此互相担保。联保贷款在减轻信息不对称和道德风险逆向选择的同时，充分发挥了非营利性小额信贷机构的扶贫功能，促进了非营利性小额信贷机构的可持续发展。

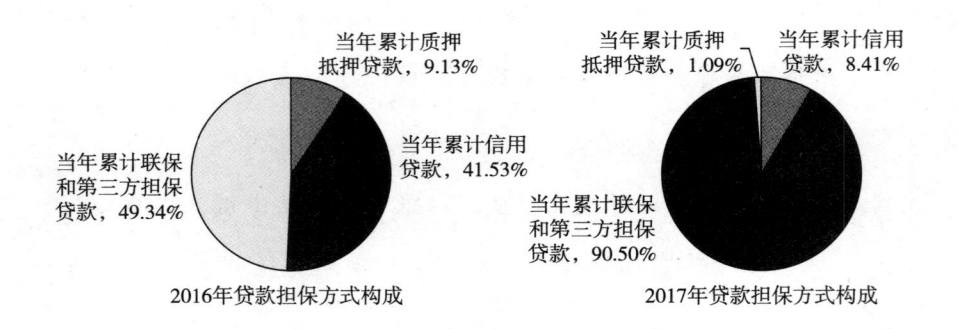

图7 2016—2017年12家非营利性小额信贷机构贷款担保方式构成

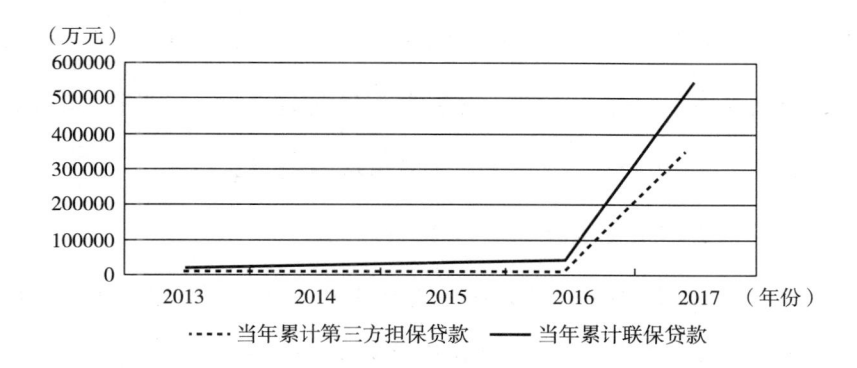

图8 2013—2017年12家非营利性小额信贷机构联保贷款与担保贷款情况

3. 反担保门槛适当降低

非营利性小额信贷担保机构是非营利性小额信贷机构的重要组成部分，致力于为下岗失业人员、转业退役军人、返乡农民工、大学生等弱势群体提供担保支持，促进就业和社会创业。随着业务的发展，原有反担保制度已无法满足现有业务的需要，非营利性小额信贷担保机构主动创新反担保模式，降低反担保门槛，适当突破反担保"瓶颈"。

（1）实行异地反担保。非营利性小额信贷担保机构实行异地反担保，行政区域范围内的省直、市和县（市区）行政机关或财政事业单位在编人员，村小学和村委会工作人员、大企业在职人员全部纳入反担保范围。

（2）适当取消反担保。非营利性小额信贷担保机构适当取消反担保。贵州省兴仁县农村发展协会对符合条件的个人创业担保贷款，经信用社区（乡镇）推荐、区（市、县）担保基金运营管理机构审核，市级统一担保，由银行放贷，取消反担保。濮阳市农村贷款互助合作社对信誉好、前景好的农民实行3—5户互保,可以用抵押质押无提供反担保,同时,对于个人贷款10万元、组织起来就业贷款30万元、小企业贷款50万元以内取消反担保。

4. 女性客户更受关注

在31家非营利性小额贷款机构样本中,19家机构提供了女性客户贷款情况。第一,从非营利性小额贷款机构的贷款笔数来看,女性客户贷款笔数占2/3以上,呈平稳上升趋势,在2017年达到了82.68%,其中女性客户贷款笔数小于100笔的机构数量最多,占比为47.37%,女性客户贷款笔数大于10000笔的机构数量最少,只有宁夏东方惠民小额贷款股份有限公司和中和农信项目管理有限公司。第二,女性客户贷款金额在2013—2016年以不低于15%的速度逐年上升,特别是在2017年上升到65.75亿元,增长了8.8倍。2017年女性客户贷款笔数小于100笔的机构平均女性客户贷款金额为117.95万元,女性客户贷款笔数在100—1000笔的机构平均女性客户贷款金额为571万元,女性客户贷款笔数在1000—10000笔的机构平均女性客户贷款金额为6720.94万元,女性客户贷款笔数超过10000笔的机构平均女性客户贷款金额为31.37亿元。

由中国妇女基金会、各地妇联以及国际计划等组织参与的针对中低收入妇女及家庭金融需求的非营利性小额贷款机构,通过创新信贷产品和服务模式,采取小额度、等额本息、先息后本等还款方式,提供市场信息、技术培训、女童教育、保健培训等综合服务,增加女性经济收入,提升女性社会地位。重庆市开州区民丰互助合作会要求借款额度在 1 万元及以上的借款会员，必须由夫妻双方承借，有助于妇女赋权，提高女性在家庭中的话语权，有利于提升非营利性小额贷款机构的社会效益。

表7 2017 年 19 家非营利性小额信贷机构女性客户贷款笔数和金额分布

女性客户贷款 (X，笔数) 分布	机构数量 (个)	机构数量比重 (%)	女性客户贷款金额（万元）		
			平均值	最大值	最小值
0 < X ≤ 100	9	47.37	117.95	231	8
100 < X ≤ 1000	4	21.05	571	1097	100
1000 < X ≤ 10000	4	21.05	6720.94	6140.1	582
> 10000	2	10.53	313732.35	582888.69	44576

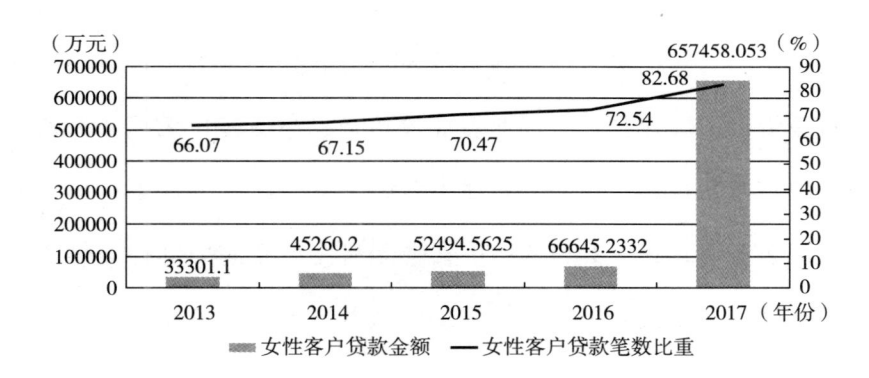

图9 2013—2017 年 19 家非营利性小额信贷机构女性客户贷款情况

5. "一站式"服务更便捷

"一站式"服务简化了贷款流程，贷款申请的便利性越高，小微客户获得贷款的概率越大。当小微企业、贫困边远地区农户以及城乡低收入家庭等贫困群体面对经办银行和小额信贷机构的双重审查时，不仅会造成效率低下，耗费大量人力、物力，还可能造成信贷流程漫长，影响小微客户的生产经营，打击其贷款积极性。非营利性小额信贷机构将其与经办银行的信贷审查和管理工作有机统一起来，形成了一套标准信贷流程，为小微客户提供"一站式"服务。例如，濮阳市农村贷款互助合作社在贷款业务发放较多的合作银行设立了"一站式"服务区，公开全年贷款受理表、公开办理流程和贷款条件，客户可以在经办银行一次性办结，大大提升了办事效率，提高了信贷的可获得性。

6. 非金融服务更丰富

非营利性小额信贷机构始终秉承"授人以鱼不如授人以渔"的经营理念，与扶贫基金会、经办银行等加强合作，定期召开各种座谈会，加强合作交流，举办各自针对小微客户的金融知识讲座、贷款政策咨询、农业技术、创业就业等培训，小微客户无须费力通过其他渠道参加培训，在非营利性小额信贷机构即可享受丰富多样的非金融服务。2013—2017 年 10 家非营利性小额信贷机构提供了客户培训情况，小微客户参与培训的人数和次数都在逐年上升，充分体现出小微客户参与的广泛性和积极性。

中和农信项目管理有限公司的非金融服务

（1）金融教育。开展"＋乡计划""惠泽乡村行动""她计划"，丰富农户的金融意识和金融知识。

（2）技术培训。根据各项目地区当地的农事特征，免费提供多种农业技术培训，扶持农户生产发展。

（3）免费保险。与中国人寿合作，向所有贷款农户赠送定期寿险，当农户发生意外时，可以免除其剩余债务。

（4）内部互助基金。成立中和基金，为家庭困难的客户和员工提供慰问金，为员工捐赠提供1∶1配捐。

宁夏东方惠民小额贷款股份有限公司的非金融服务

（1）文化宣传。成立农民文艺宣传队，实施文艺骨干培训计划，组织排练演出文艺节目，坚持十余年之久的庆"三八"文体活动，举办十四届文化节。

（2）意外死亡客户贷款免除。现意外死亡客户贷款免除近50万元。

（3）物资调剂。建成5个物资调剂中心。

（4）农业保险。鼓励客户购买农业保险，保护客户安全。

（5）捐资助学。设立"北京友成金融——惠民公司携手助力贫困大学生奖学金""晨曦计划"扶贫助学公益活动。

（6）信息保障。信贷员为自己服务的村提供相关农业、畜牧业信息，给予客户送温暖工程等服务。

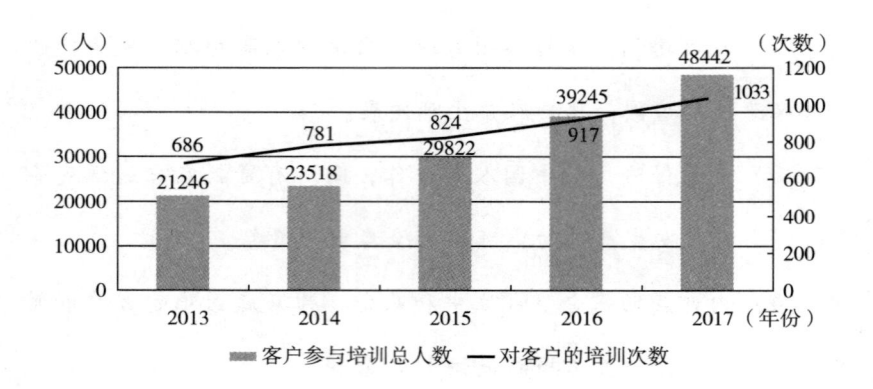

图 10　2013—2017 年 10 家非营利性小额信贷机构客户培训情况

（三）业务流程

1. 传统业务流程

为方便小微客户贷款办理简单便捷，非营利性小额信贷机构建立"一站式"服务区，规范操作流程和业务办理。非营利性小额信贷机构的业务流程为：宣传营销—贷款申请—贷前调查—贷款审批—客户培训—贷款发放—贷后检查—贷款回收（见图 11）。

（1）宣传营销：除新闻媒体、网络宣传外，小额信贷机构深入基层开展宣传活动，发放宣传材料，宣传机构的宗旨使命、章程制度、目标群体、信贷产品、还款方式及优惠政策等。

（2）贷款申请：客户携带身份证或户口本、营业执照、经营场地证明、自筹资金证明、就业失业登记证等，到机构营业点填写《贷款申请书》，信贷员对客户的证件及经营项目进行初步审核。特别开辟大学生创业贷款"绿色通道"，实行"优先受理"的政策。

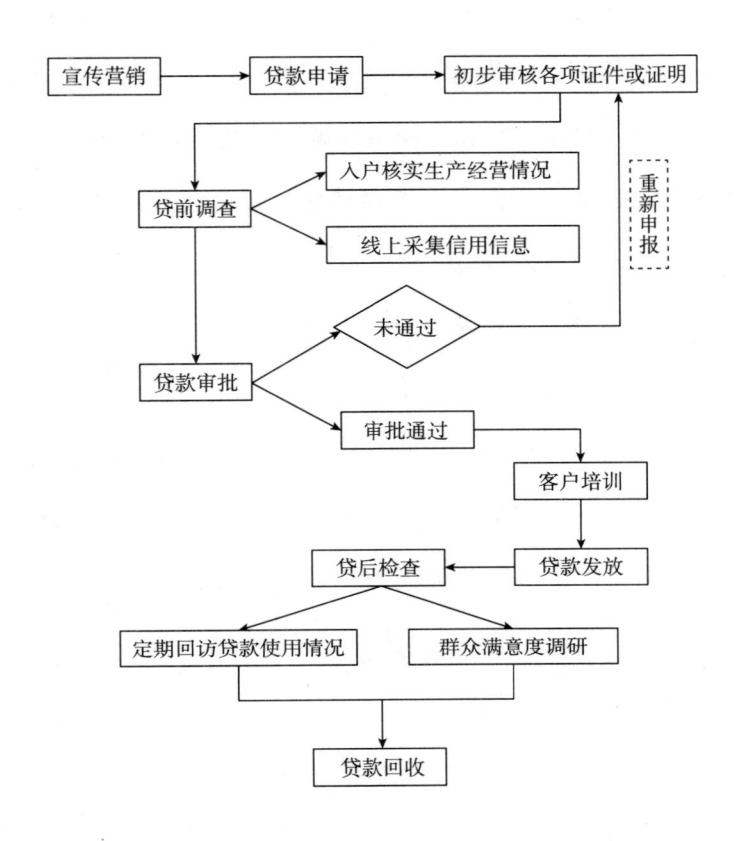

图 11 非营利性小额信贷机构业务流程

（3）贷前调查：信贷员及时对贷款申请人进行入户调查，收集贷款人及家庭生产经营情况，核实担保人信息，实现了农村金融"最后一公里"的畅通。同时，信贷员线上采集客户的发票、银联等信息，调查客户信用情况。若调查结果符合申请条件，客户提交证件复印资料，签署《贷款合同》。

（4）贷款审批：信贷员向信贷部门申报贷款申请，经部门会议讨论后确定贷款额度，提出放款计划，并安排相应的核贷人员下乡入户实地调查评估。

（5）客户培训：信贷员需要对贷款人和担保人进行小额贷款的法规制度、贷款程序、贷款合同条款解释、诚信教育等培训。

（6）贷款发放：根据实地考察结果，结合线上辅助调查，评定贷款人及担保人的贷款资质，修改放款计划，发放贷款。

（7）贷后检查：定期对客户开展贷后回访业务，了解贷款使用情况，进行客户满意度调研，并在贷款到期日前进行还款提醒。

（8）贷款回收：信贷员按照合同约定的时间和还款方式，通知客户到营业点或由信贷员上门收取还款。对于逾期还款，积极与还款人商讨还款协议，定期督促还款，若还款人有意侵占贷款，可及时整理材料进行起诉。

2. 业务流程变化与创新

非营利性小额信贷机构的业务流程基本一致，但部分机构也在贷款的贷前服务、贷款条件、信息业务等环节有所创新，如表8所示。

表8　　非营利性小额信贷机构业务流程变化与创新

机构名称	业务流程创新
宁夏东方惠民小额贷款股份有限公司	雇用农民"信贷员"，实行不坐班制，由各村负责推广员下乡宣传，收集客户第一资料
重庆市开州区民丰互助合作会	信用借款3万元以内的，由夫妻双方共同借款；借款需要夫妻双方签字的，若夫妻一方在外务工，只需外出务工前到分会办理借款授权委托书，在家的一方可随时到分会申请办理借款
河南省兰考县南马庄生态农产品专业合作社	农户根据自己的贷款额度填写贷款申请书，合作社审核通过后签订合同发放贷款

续表

机构名称	业务流程创新
中和农信项目管理有限公司	开发手机移动客户端——中和金服，农户只需通过"身份认证+人脸识别"身份核验登录，在十分钟之内完成授信评估，直接支取资金，足不出户即可实现信贷服务在线预约、进度查询、业务办理等
陕西蒲城县妇女可持续发展协会	实行无纸化办公和非现金操作，放款和收款都利用存折或银行卡

（四）风险管理（信贷、内控等）模式

1. 建立贷款评估体系

非营利性小额信贷机构努力提高风险识别能力，建立贷款评估体系，由事后控制向事前控制转变。在贷款对象的审批和贷款发放的流程中，非营利性小额信贷机构根据政策要求在自身能力范围内放贷，与银行、创业担保中心、农民专业合作社、妇女联合会和其他组织对接，聘请当地有地位有资历了解当地民情的村主任、干部、党员等，收集客户违约信息，解决小额信贷机构与小微客户间的信息不对称现象，及时发现农户的信贷风险苗头。

2. 建立信誉刺激机制

非营利性小额信贷机构建立信誉刺激机制，对信誉良好的客户给予费用上的优惠政策，引导农户摒弃短期化行为。非营利性小额信贷机构定期组织审核员进行贷款跟踪和现场检查，加大在线监测风险力度，量化客户的结算信息和生产经营情况，做好贷款风险评估和风险防范。重庆市开州区民丰互助合作会建立农户经济信息和信用档案，并对农户评级授信，对信用好的农户给予重复借款和信用升级而提供更多贷款额度的机会。

3. 建立风险防范机制

非营利性小额信贷机构建立起风险防范机制，由粗放管理向精准管理转变。非营利性小额信贷机构对发放小额贷款的信贷员实行包放、包管、包收机制，并与绩效挂钩，保证信贷员责、权、利的对等，将出勤、业务制度执行情况、目标任务完成情况都纳入员工绩效考核公式中，既调动了信贷员开展小额贷款业务的积极性，又有利于防范信贷员开展小额贷款中可能发生的道德风险。

4. 建立员工风险培训机制

非营利性小额贷款机构建立员工风险培训机制，加强员工的金融知识和管理知识的教育，设置风险预警阈值，定期检查机构和信贷员的业务发展情况，充分掌握机构的运营和风险情况，及时进行风险控制和处理。2013—2017年13家非营利性小额信贷机构提供了员工参与培训的情况。13家非营利性小额信贷机构2013—2017年平均参与培训的员工占比不断上升（见图12）。赤峰市昭乌达妇女可持续发展协会实施了360度反馈系统培训，对员工的优势和劣势进行评估，将员工安排至适合的工作岗位，降低了操作风险。中和农信建立"和信培训基金"，每年开展大量的员工培训活动，邀请国内外专家提供各领域的咨询培训，或者支持员工参加与本人岗位相关的外部培训课程。

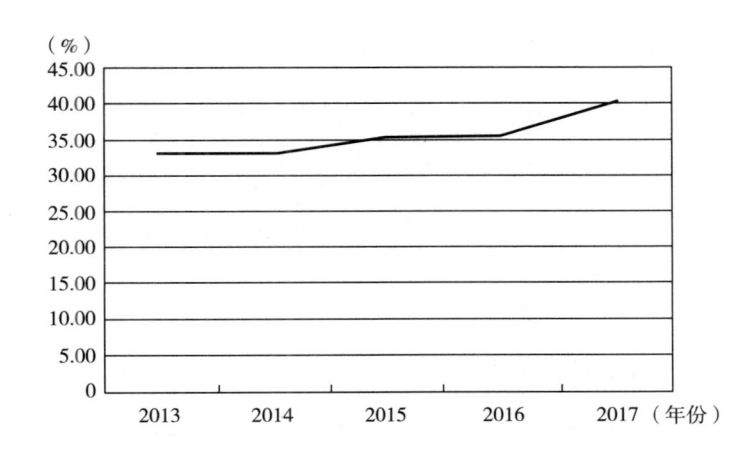

图12 2013—2017年13家非营利性小额信贷机构员工培训情况

5. 建立信息化管理系统

非营利性小额信贷机构建立起信息化管理系统，对贷款的申请、调查、审批、发放、收回进行全方位动态管理，有效地减轻了以贷谋私和贷款风险的程度。例如，中和农信自主研发了信贷追踪系统，并接入了央行征信系统，对贷款的坏账风险进行了实时监控，并试点了呼叫中心、短信中心等新的服务模式。

（五）新技术应用与业务模式

1. 运用大数据和云计算

非营利性小额信贷机构运用大数据和云计算技术数字化客户信息。非营利性小额信贷机构运用大数据、云计算等信息技术将小微客户的还款意愿、还款能力、家庭特征以及社会网络等特征数据化，例如，中和农信项目管理有限公司对接中国人民银行征信中心，引入发票、银联流水等渠道信息分析客户的还款能力，通过互联网信贷的信用评价情况量化客户的还款意愿等，对客户信息数据库进行及时更新，实时跟踪现有客户群体，努力挖掘潜在客户，利用金融科技提高非营利性小额信贷机构的风险识别能力以促进可持续发展。

2. 设计风险预测模型

非营利性小额信贷机构引入神经网络和决策树设计风险预测模型，将信贷工作标准化，有效地缓解了信息不对称的问题。但在实际信贷审查和信贷决策过程中仍存在着"因人而异"的问题，非营利性小额信贷机构引入了神经网络、决策树等机器算法，处理透明度低、解释性差的数据和变量间的非线性关系，设计信贷产品的风控模型，减少不良分子的违规骗贷行为以及预测客户的违约概率等，提升分析信息的能力，降低因人工判断失误而付出的成本。中和农信的中和金服 APP 可以在十分钟之内完成授信评估，直接支取资金到账。

六 中国非营利性小额信贷机构的财务绩效

（一）营利性分析

盈利能力是非营利性小额信贷机构实现可持续发展的重要保证，这里选取资产规模、贷款规模、净利润规模、资本利润率、资产利润率以及运营自负盈亏比率，衡量非营利性小额信贷机构的经营规模、利润水平以及运营自负盈亏情况。

1. 经营规模不断扩大，贷款额度为5万元以下的贷款规模扩张最快

（1）2013—2017年非营利性小额信贷机构的总体资产规模呈扩张趋势。在31家非营利性小额信贷机构样本中，29家机构提供了2013—2017年的资产规模情况。2013—2016年，非营利性小额信贷机构资产规模的平均扩张速度在20%以上，2017年小额信贷机构的资产规模扩张速度高达3.8倍，其中中和农信项目管理有限公司的资产规模高达49.74亿元。资产规模在500万元以下的非营利性小额信贷机构数量最多,占 39.29%,资产规模在 1 亿元以上的非营利性小额信贷机构数量最少,但平均资产规模最大,达到 15.27 亿元。非营利性小额信贷机构资产规模扩张速度较快,经营拓展能力较强。资产规模代表非营利性小额信贷机构拥有或控制的资源,资产规模越大,非营利性小额信贷机构通过直接或间接用于发放贷款等金融活动为公司创造的经济利益越多。

表 9   2017 年 29 家非营利性小额信贷机构资产分布情况

资产(X,万元)分布	机构数量(家)	机构数量比重(%)	平均资产规模(万元)
0 < X ≤ 500	11	37.93	34.96
500 < X ≤ 1000	5	17.24	642.82
1000 < X ≤ 10000	9	31.03	3435.18
> 10000	4	13.79	152732.61

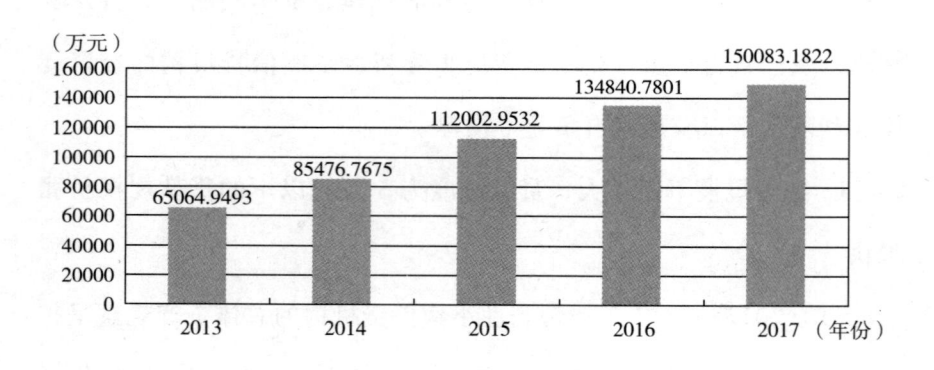

图 13   2013—2017 年 29 家非营利性小额信贷机构资产总额

(2) 2013—2017 年非营利性小额信贷机构的总体贷款规模不断扩大。2013—2017 年,29 家非营利性小额信贷机构的贷款规模不断扩大,其中贷款额度为5万元以下的非营利性小额信贷机构贷款扩张速度最快,在2017年达到了90.17亿元,是2016年的9.04倍,在2017年累计贷款总规模中的比重达到了89.30%,说明非营利性小额信贷机构具备一定的放贷能力,并且在维持自身可持续发展的同时,贷款目标没有发生偏移,仍服务于小微企业、贫困边远地区农户以及城乡低收入家庭等贫困群体。

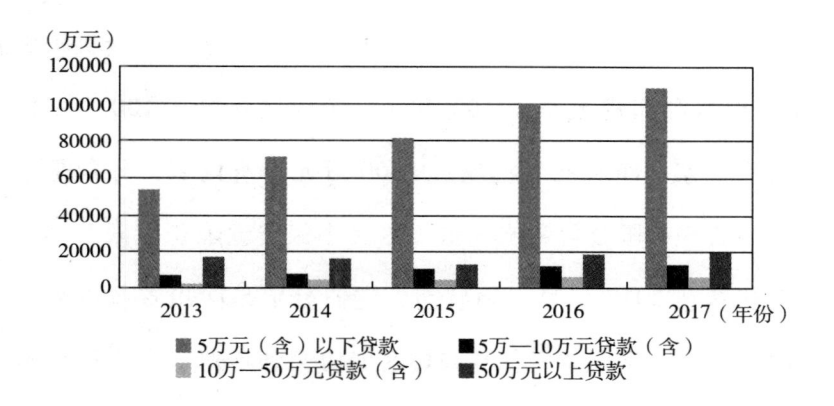

图14　2013—2017年29家非营利性小额信贷机构贷款规模

表10　2013—2017年29家非营利性小额信贷额度变化情况　　单位:%

贷款额度（X,万元）＼年份	2013	2014	2015	2016	2017
0 < X ≤ 5	67.04	71.68	73.99	72.99	89.30
5 < X ≤ 10	8.77	7.77	9.42	9.12	7.29
10 < X ≤ 50	3.22	4.64	4.54	4.41	1.48
> 50	20.97	15.91	12.05	13.48	1.94

2. 利润水平总体上升，个体存在很大差异

（1）2013—2017年非营利性小额信贷机构净利润水平稳定增长。在31家非营利性小额信贷机构样本中，28家机构提供了2013—2017年的利润情况。从净利润来看（见图15），非营利性小额信贷机构总体净利润在2013—2016年保持稳定水平，2017年净利润规模高速增长，从2016年的1817.2万元上升到2017年的10657.4万元，扩张5.86倍，其中中和农信项目管理有限公司的占比高达73.4%。如表11所示，2017年非营利性小额信贷机构中有20家机构净利润规模小于100万元；净利润规模在100万—1000万元的有三家；净利润规模超过1000万元的有两家，分别是中和农信项目管理有限公司和宁夏东方惠民小额贷款股份有限公司；但有三家机构在2017年呈亏损状态，它们分别是四川省贫困乡村经济发展促进会、贵州省兴仁县农村发展协会和定西市安定区民富鑫荣小额信贷服务中心。

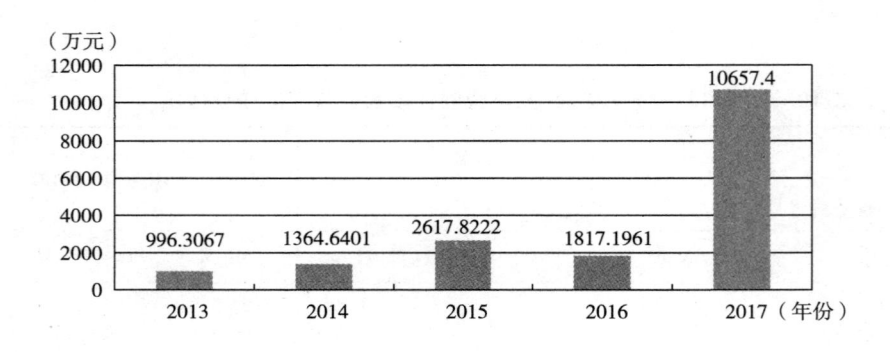

图15　2013—2017年28家非营利性小额信贷机构净利润

表 11　2017 年 28 家非营利性小额信贷机构净利润情况

机构名称	净利润（万元）	机构名称	净利润（万元）
中和农信项目管理有限公司	7823.41	虞城县扶贫经济合作社	12.17
宁夏东方惠民小额贷款股份有限公司	1792	武山县城乡发展协会	7.5
河间市三农农业专业合作社	664	云南省麻栗坡县乡村经济发展协会	6.6
赤峰市昭乌达妇女可持续发展协会	220.53	广西壮族自治区都安县 UNDP 项目办公室	5.74
西乡县妇女发展协会	127	武山县渭水妇女发展协会	5.7
河南省兰考县南马庄生态农产品专业合作社	53.1	蒲城县妇女可持续发展协会	4.9
金平苗族瑶族傣族自治县农村合作发展促进会	50	青海省海南州贵南县 LPAC 项目办	4.32
顺平县盛源玉米专业合作社	39.4	濮阳市农村贷款互助合作社（普通合伙）	1.08
乌审旗贫困地区社会发展小额信贷管理中心/乌审旗 SPPA 项目办	38	陕西省淳化县妇女发展协会	1
重庆市开州区民丰互助合作会	34	贵德县 UNDP 援助项目办公室	0.07
兰考县金裕种植专业合作社	30	甘肃省积石山县乡村发展协会	0.06
天津市妇女创业发展促进会	22.36	四川省贫困乡村经济发展促进会	-21
景泰县城乡发展协会	19.19	贵州省兴仁县农村发展协会	-23
单县利民资金互助合作社	17	定西市安定区民富鑫荣小额信贷服务中心	-277.73

（2）2014—2017 年非营利性小额信贷机构的资本利润率和资产利润率有所下降。资本利润率（ROE）是净利润与平均股东权益的比值，用来反映每单位股东权益带来的利润，比值越高，盈利能力越强。如图 16 所示，2014—2017 年，资本利润率保持在 10% 以上的水平，在 2014 年和 2015 年高达 15% 以上，尽管 2016 年稍有所

下降，但2017年又迅速提升至13.36%，其中，武山县渭水妇女发展协会的资本利润率高达1.48。资产利润率（ROA）是净利润与平均总资产的比值，2014—2016年非营利性小额信贷机构的资产利润率基本稳定，2017年下降了1.62%，非营利性小额信贷机构的资产规模扩大，股东权益基本不变，负债融资的增加会在一定程度上提高盈利能力，但同时也提示非营利性小额信贷机构的债务风险在上升。

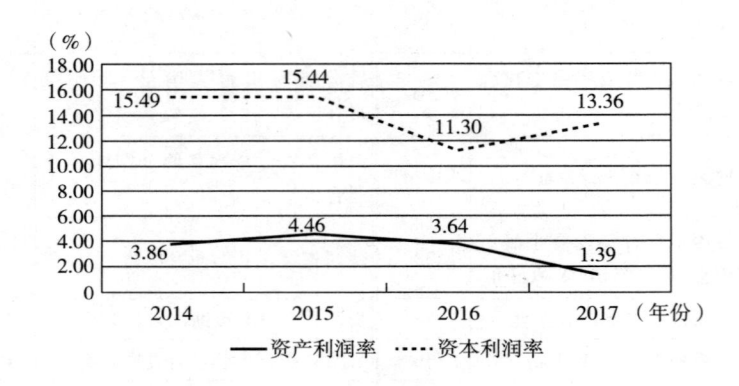

图16 2014—2017年非营利性小额信贷机构盈利情况

3. 运营自负盈亏比率大幅上升

运营自负盈亏比率表示小额信贷机构的营业收入对运营费用的补偿程度，比值越高产出对投入的补偿效果越好。在31家非营利性小额信贷机构样本中，我们得到了22家机构的运营自负盈亏情况。非营利性小额信贷机构2017年平均运营自负盈亏比率达到99.17%，与正常目标100%基本持平，处于正常水平。2013—2017年，非营利性小额信贷机构的运营自负盈亏比率存在规模经济效应，随着资产规模的扩张，非营利性小额信贷机构的运营自负盈亏比率越高。

表12　2017年22家非营利性小额信贷机构运营自负盈亏比率

资产（X，万元）分布	0＜X≤500	500＜X≤1000	1000＜X≤10000	＞10000
运营自负盈亏比率（％）	57.85	59.73	133.66	206.76

（二）经营效率分析

经营效率是非营利性小额信贷机构运用内部资产要素和人力资源的有效程度，用于衡量经营活动过程中投入与产出关系。非营利性小额信贷机构的经营效率主要包括资产要素的经营效率和人力资源的经营效率。这里用运营费用比率和财务费用比率来分析资产要素的经营效率，用信贷员人均管理的贷款余额和客户数量来代表人力资源的经营效率，另外还分析了不同资产规模下的非营利性小额信贷机构的经营效率。

1. 资产要素的经营效率呈倒"U"形发展趋势

运营费用比率是运营费用与平均贷款余额的比值，反映的是资产要素的利用情况，比值越低，经营效率越高。在31家非营利性小额信贷机构样本中，20家机构提供了2017年的财务费用水平和运营费用水平。2017年非营利性小额信贷机构总体平均运营费用比率为12.58％，低于国际标准的15％，平均财务费用比率9.84％。

资产规模不同的非营利性小额信贷机构的经营效率存在差异。随着资产规模的扩大，非营利性小额信贷机构的资产要素的经营能力呈先上升后下降的倒"U"形趋势。资产规模在500万—1000万元的非营利性小额信贷机构的运营费用比率和财务费用比率最高，其运营费用比率在2017年达到了26.10%，超过了国际标准的15%，其财务费用比率高达40.81%，经营效率有待提高。

表13　2017年20家非营利性小额信贷机构资产要素的经营效率

资产（X，万元）分布	0 < X ≤ 500	500 < X ≤ 1000	1000 < X ≤ 10000	>10000
财务费用比率（%）	0.47	40.81	11.21	9.68
运营费用比率（%）	9.01	26.10	8.45	12.19

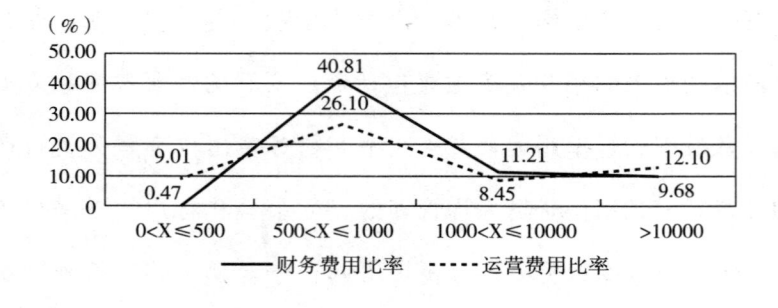

图17　2017年20家非营利性小额信贷机构资产要素的经营效率

2. 人力资源的经营效率略有下降

（1）2013—2017年非营利性小额信贷机构信贷员人均管理的贷款余额和客户数量有所下降。人力资源的经营效率用信贷员人均管理的贷款余额和客户数量来表示。在31家非营利性小额信贷机构样本中，16家机构提供了信贷员人均管理的贷款余额和客户数量情况。2013—2017年，信贷员人均管理的贷款余额稳定发展，但管理的客户数下降，人力资源的经营效率略有下降。平均每个信贷员管理的贷款业务量保持稳定在180万—240万元，平均每个信贷员管理的客户数总体呈下降趋势，这可能与非营利性小额信贷机构不以过度追求业务量，而以辅助贫困为目标相关，非营利性小额信贷机构的经营效率有待提高。

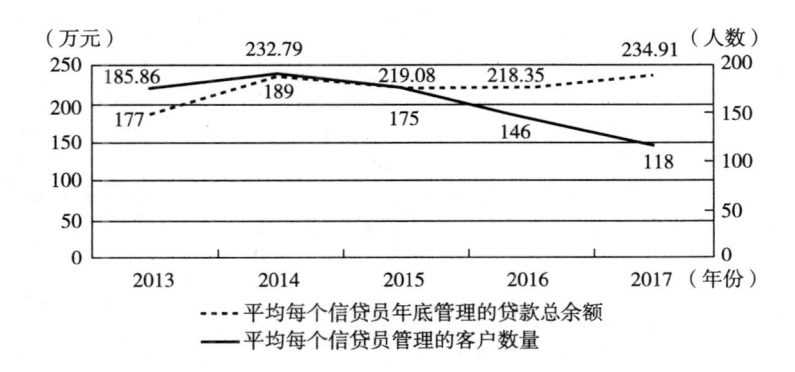

图18　2013—2017年23家非营利性小额信贷机构经营效率

（2）2017年非营利性小额信贷机构信贷员人均管理的客户数量分布情况。2017年31家非营利性小额信贷机构样本中，18家机构提供了信贷员人均管理的客户数量情况，我们发现7家机构每个信贷员管理的客户数量超过平均值，有10家机构每个信贷员管理的客户数量为100人以下，4家机构每个信贷员管理的客户数量为100—200人，4家机构每个信贷员管理的客户数量为200人以上。

表 14　2017 年 18 家非营利性小额信贷机构平均信贷员管理客户数量

机构名称/项目	平均每个信贷员管理的客户数量（个）	机构名称/项目	平均每个信贷员管理的客户数量（个）
宁夏东方惠民小额贷款股份有限公司	280	重庆市开州区民丰互助合作会	80
赤峰市昭乌达妇女可持续发展协会	254	天津市妇女创业发展促进会	79
虞城县扶贫经济合作社	221	陕西省淳化县妇女发展协会	78
广西壮族自治区都安县 UNDP 项目办公室	205	重庆市武隆区互助合作扶贫总会	73
乌审旗贫困地区社会发展小额信贷管理中心/乌审旗 SPPA 项目办	196	兰考县金裕种植专业合作社	70
河南兰考南马庄生态农产品专业合作社	178	云南省麻栗坡县乡村经济发展协会	62
河间市三农农业专业合作社	160	单县利民资金互助合作社	40
中和农信项目管理有限公司	112	贵德县 UNDP 援助项目办公室	35
蒲城县妇女可持续发展协会	93	青海省海南州贵南县 LPAC 项目办	13

（3）2017 年非营利性小额信贷机构信贷员人均管理的贷款余额分布情况。2017 年 31 家非营利性小额信贷机构样本中，18 家机构提供了信贷员人均管理的贷款余额。2017 年每个信贷员年底管理的贷款余额在 100 万—500 万元的机构有 9 家，占 50%；每个信贷员年底管理的贷款余额在 100 万元以下的机构有 5 家，占 27.8%；每

个信贷员年底管理的贷款余额在 500 万元以上的机构有 4 家，占 22.2%。

表 15 2017 年 18 家非营利性小额信贷机构信贷员管理的贷款余额

每个信贷员年底管理的贷款余额（万元）	机构数量（家）	机构数量比重（%）
>500	4	22.20
100＜X≤500	9	50.00
0＜X≤100	5	27.80

（4）2013—2017 年不同资产规模下的信贷员人均管理贷款余额情况。2013—2017 年，不同资产规模下的信贷员人均管理贷款余额数量不同。资产规模在 1000 万—1 亿元的非营利性小额信贷机构的信贷员人均管理贷款余额数量最多，2013 年其平均每位信贷员管理的贷款余额最少，达到 393.85 万元，2015 年其平均每位信贷员管理的贷款余额最多，达到了 561.33 万元。资产规模在 1 亿元以上的非营利性小额信贷机构的信贷员人均管理贷款余额数量在 2014 年上升到了 249.67 万元，2015—2017 年其信贷员人均管理贷款余额数量在 200 万元以下。资产规模在 500 万元以下的非营利性小额信贷机构的信贷员人均管理贷款余额数量最少，2013—2016 年其平均每位信贷员管理的贷款余额都在 100 万元以下，2017 年上升到了 117.62 万元。

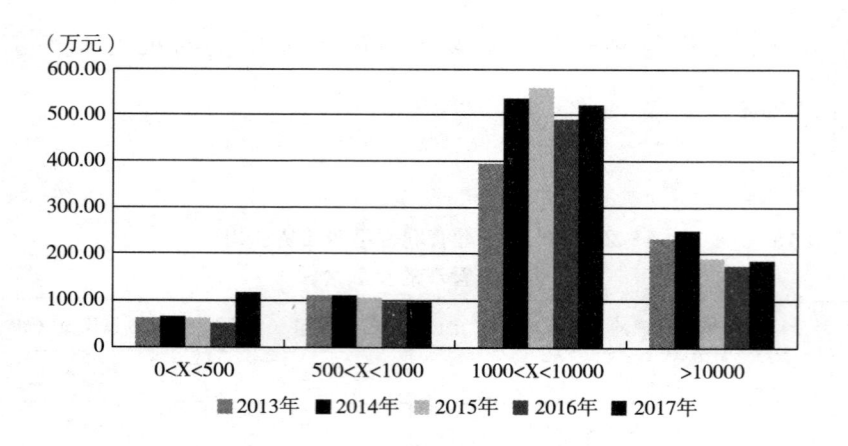

图 19　2013—2017 年不同资产规模下的信贷员人均管理贷款余额数量

（5）2013—2017 年不同资产规模下的信贷员人均管理客户数量情况。2013—2017 年，我们通过将非营利性小额信贷机构的信贷员人均管理客户数量按资产规模进行分类，发现资产规模大于 1 亿元的非营利性小额信贷机构的信贷员人均管理客户数量最多，这是这些非营利性小额信贷机构的可支配资金规模较大，贷款发放能力较高，每位信贷员管理的客户数量较多。资产规模在 1000 万—1 亿元的非营利性小额信贷机构信贷员人均管理客户数量在 2014 年上升了 21.84%，2015—2017 年一直处于下降阶段。规模小于 500 万元的非营利性小额信贷机构的信贷员人均管理客户的数量呈下降趋势，从 2013 年的 194 人下降到 2017 年的 64 人，下降了 2.03 倍。资产规模在 500 万元以下的非营利性小额信贷机构信贷员人均管理客户数量在 2014 年上升了 13.97%，2015—2017 年一直处于下降阶段，2017 年信贷员人均管理 127 位客户。

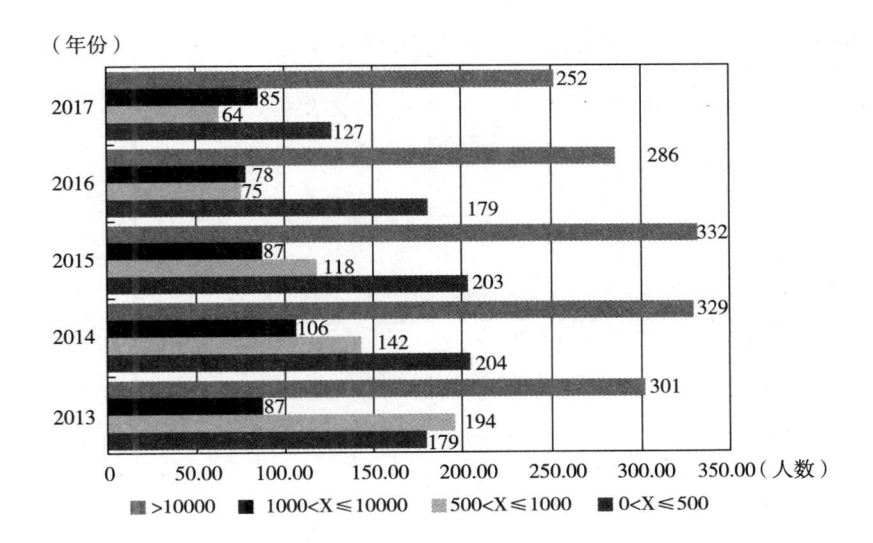

图 20 2013—2017 年不同资产规模下的信贷员人均管理客户数

(三) 信贷质量分析

非营利性小额信贷机构的目标客户通常是被排斥在商业金融市场之外的小微企业、贫困边远地区农户以及城乡低收入家庭等弱势群体，这些弱势群体缺乏有效的抵押质押物，因此需要分析非营利性小额信贷机构的信贷质量，及时进行风险识别、风险度量和风险控制。这里选用逾期贷款率、注销贷款比率以及贷款损失准备金率来分析信贷质量。

1. 逾期贷款率有所下降

(1) 2013—2017 年非营利性小额信贷机构的逾期贷款率有所下降。逾期贷款率是全部贷款余额中到期而未偿还的贷款所占的比重，比重越高，未来可能发生的风险越高。在 31 家非营利性小额信贷机构样本中，7家机构提供了2013—2017年的逾期贷款率情况。2013年非营利性小额贷款机构的逾期贷款率为44.53%，2014年上升到74.97%，但2015年迅速下降至17.38%，下降了3.3倍，之后一直保持在23%以内。

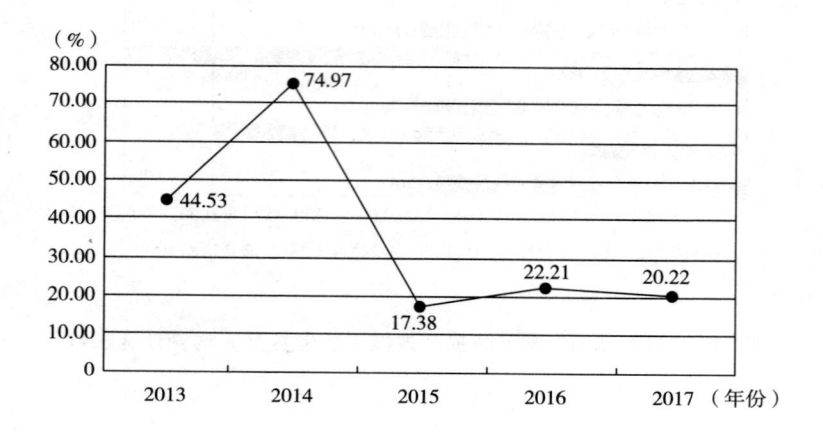

图21 2013—2017年7家非营利性小额信贷机构逾期贷款率

（2）2017年非营利性小额信贷机构的逾期贷款率分布情况。在31家非营利性小额信贷机构样本中，14家机构提供了2017年的逾期贷款率。2017年非营利性小额信贷机构的逾期贷款率分布中，逾期贷款率低于10%的机构有9家，占比为64.29%。逾期贷款率在10%—30%、30%—50%的非营利性小额信贷机构数量各占14.28%，信贷质量有待进一步提高。逾期贷款率高于50%的非营利性小额信贷机构占比7.14%，信贷质量较差，需要及时控制风险。

表16　　2017年14家非营利性小额信贷机构逾期贷款率情况

逾期贷款率（X,%）分布	机构数量（家）	比重（%）
0 < X ≤ 10%	9	64.29
10% < X ≤ 30%	2	14.28
30% < X ≤ 50%	2	14.28
>50%	1	7.14

（3）2017年非营利性小额信贷机构的逾期贷款笔数分布情况。在31家非营利性小额信贷机构样本中，15家机构提供了2017年的逾期贷款笔数情况。非营利性小额信贷机构的逾期贷款笔数分布中，小于50笔逾期贷款的机构有8家，占比53.3%。逾期贷款笔数在50—100笔，100—300笔的各占20%。大于300笔的占6.67%，风险控制能力较差，信贷质量较低。

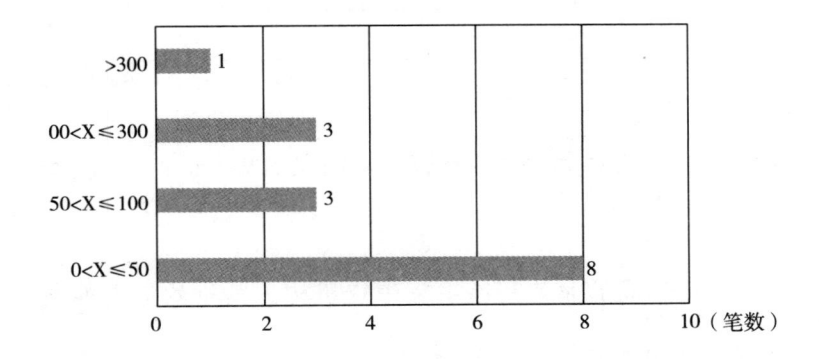

图22　2017年15家非营利性小额信贷机构逾期贷款笔数分布

2. 注销贷款比率普遍较低

31家样本非营利性小额信贷机构中，2017年只有宁夏东方惠民小额贷款股份有限公司注销贷款比率为1.3%，其余机构的注销贷款比率均为零，表明了非营利性小额信贷机构客户的违约风险普遍较低，也体现了机构监管力度的增强。

3. 贷款损失准备金率大幅上升

在31家非营利性小额信贷机构样本中，15家机构提供了2013—2017年的贷款损失准备金情况。非营利性小额信贷机构的贷款损失准备金率在2013年为8.35%，2014—2016年均保持在10%附近，在2017年高达17.74%，增长了70.5%，表明非营利性小额信贷机构不断强化自身风险管理意识，提高风险控制能力。

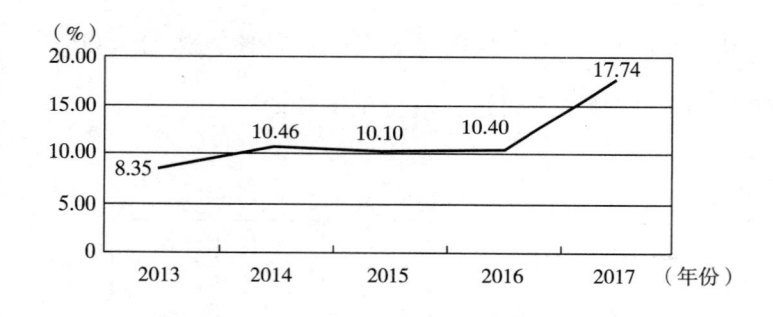

图23 2013—2017年15家非营利性小额信贷机构贷款损失准备金率

资产规模不同的非营利性小额信贷机构，其贷款损失准备金的计提情况存在很大差异。在31家非营利性小额信贷机构样本中，我们得到了27家机构在2017年的贷款损失准备金情况。2017年资产规模越大的非营利性小额信贷机构，其平均贷款风险损失准备金率越高，风险抵补能力越强。资产规模小于500万元的非营利性小额信贷机构的平均贷款风险损失准备金率为30.61%，而资产规模大于1亿元的非营利性小额信贷机构的平均贷款风险损失准备金率仅为 1.98%，资产规模较大的非营利性小额信贷机构的贷款余额大，而贷款损失准备金不够充分，对未来可能发生的损失估计不足，信贷质量的可信度较低。

表 17　　　　2017 年 27 家非营利性小额信贷机构平均
贷款风险损失准备金率

资产（X，万元）分布	0 < X ≤ 500	500 < X ≤ 1000	1000 < X ≤ 10000	> 10000
机构数量（家）	11	5	8	3
平均贷款风险损失准备金率（%）	30.61	7.69	2.13	1.98

七 中国非营利性小额信贷机构的社会绩效

根据世界银行近期的统计,全球大约还有25亿人没有获得过正规金融服务,这严重制约了后危机时代全球经济的复苏。而源于20世纪70年代孟加拉国的现代意义的小额信贷恰好为各国弥补这一缺陷提供了一个可能的解决方案。小额信贷作为一种创新的贷款方式,在经历了近40年的发展演变,将孟加拉国的贫困人口比例从70%下降到25%。与此同时,在全球范围内也掀起了一场金融领域的革命,把最初的基于信用向低收入人群发放小额度贷款的信贷模式创新,逐步延伸到了囊括小额信贷、小额储蓄、小额保险、小额汇款等一系列针对低端市场的金融服务创新,进而推动了包括传统银行在内的各类金融机构进行重新战略定位,转变经营理念,下移贷款业务,扩大客户覆盖面,共同为金字塔底层的人群提供全方位的普惠金融服务。为此,联合国为了肯定小额信贷为全球扶贫所做出的贡献,推动小额信贷在世界各国的实践,将2005年定义为"国际小额信贷年"。次年,挪威诺贝尔委员会将2006年诺贝尔和平奖授予了孟加拉国格莱珉银行及其创始人默罕默德·尤努斯教授，以表彰其在帮助本国贫困人口走出贫困、创造收入、增加资产方面发挥的巨大作用，以及为其他发展中国家提供了一个值得借鉴的扶贫模式，缓解了大部分国家政府通过信贷开展政策扶贫的负面效应。

小额信贷在全球的实践取得了举世瞩目的成绩，从孟加拉国一直延伸到了100多个国家。据不完全统计，数以万计的各种类型从事小额信贷的机构为上亿低端贫困人口提供了信贷服务，让这些被传统金融机构排除在外的人们能够抓住稍纵即逝的经济机会，创造日积月累的稳定收入，逐渐摆脱世代相传的贫困境遇。纵观其演变历程，从小额信贷，到微型金融，再到普惠金融，小额信贷是始终贯穿于整个金融系统的基线。这与小额信贷与生俱来的社会使命息息相关。尽管人们对小额信贷的理解和认识大相径庭，特别是在中国，而对小额信贷最有权威的定义应该是来自它的创造者——孟加拉国格莱珉银行，即提供小额度的贷款，旨在帮助贫困人口自主就业，创造收入，改善家庭生活。① 具体到量化指标，根据美国微型金融信息交流平台（MIX）② 的定义，小额信贷是指单笔贷款额度不超过当地人均国民收入2.5倍的贷款。

自20世纪90年代以来，小额信贷的从业者开始致力于通过商业化运作来实现其社会使命，从而不必受制于有限的捐赠或补贴。

---

① 参见孟加拉国格莱珉银行网站：http://www.grameen-info.org/index.php?option=com_content&task=view&id=32&Itemid=91。

② 参见MIX的网站：www.themix.org。

这助推了小额信贷向微型金融的拓展，为小额信贷注入了新的生命力。然而，当墨西哥的一家名叫 Compartamos 的小额信贷银行和印度的一家名叫 SKS 的小额信贷银行分别于 2007 年 4 月 20 日和 2010 年 7 月 28 日公开上市，再加上 2010 年 10 月印度安德拉邦发生的几十位小额信贷客户自杀的消息传来，全球小额信贷领域掀起了一阵激烈的、持久的辩论风潮。

小额信贷到底是"慈善家"还是"吸血鬼"？实际上，这两种观点都是对小额信贷的误解。这似乎在把小额信贷的商业运作与社会使命相对立起来，通过对全球非常成功的小额信贷机构的分析可以看出，小额信贷既不是慈善事业也不是高利贷者，而恰好是将两者完美结合的金融创新。

这种金融创新于 1994 年由中国社会科学院农村发展研究所引入中国，借鉴孟加拉国格莱珉银行模式，在国际组织的资助下开展针对贫困人群小额信贷的全国试点。经过十多年的发展，以非政府组织形式开办的小额信贷业务虽然取得了一些成绩，做到资金入户、高还款率，但并没有像孟加拉国、印度、巴基斯坦、菲律宾等国的非政府组织小额信贷机构那样茁壮成长，实现可持续发展。其主要原因是法律地位的缺失让这些非政府组织小额信贷机构无法获得源源不断的后续资金。但是，作为星星之火的小额信贷试点，却引来了小额贷款公司和新型农村金融机构的燎原之势。

2005 年，中国人民银行启动内蒙古、陕西、山西、四川、贵州五省（区）的小额贷款公司试点项目，允许私营企业，甚至外资企业开办小额贷款公司。自 2008 年放开试点省份限制，在全国范围内开展小额贷款公司试点，小额贷款公司如雨后春笋般在各省市组建起来。根据中国人民银行的统计，截至2018年12月31日，全国共有小额贷款公司8133家，覆盖了全国31个省（市、区），贷款余额达到9550亿元。

2006年，中国银监会在四川、青海、甘肃、内蒙古、吉林、湖北六省（区）开展三类新型农村金融机构，即村镇银行、贷款公司和农村资金互助社的试点工作，适当放宽农村地区银行业金融机构的准入政策。但是由于有关设立和运营条件较为严格，在2007年放开试点省份后并没有像小额贷款公司那样迅猛增长。根据中国银监会的统计，截至2018年12月31日，全国村镇银行数量达到1600多家，实现了全国31个省（市、区）的全覆盖，全国1880个县市的覆盖面超过50%。

以上这些政策上的突破将小额信贷的外延扩展到了普惠金融的范畴。根据这近万家小额贷款公司和村镇银行的数据显示，它们服务的客户群体已经远远超出了国际公认的小额信贷概念。本报告把它们归为普惠金融服务，所以不在本报告的讨论范围之内。

目前，在中国符合国际定义的小额信贷主要是非政府组织小额信贷机构和极个别小额贷款公司。对于非政府组织小额信贷机构而言，社会使命是它们存在的理由。而如何衡量这些机构是否实现了其社会使命，国际小额信贷领域引入了社会绩效的理念，通过对社会绩效的管理来帮助机构逐步实现其社会使命。

(一) 社会绩效管理理念

在小额信贷领域,机构对社会目标或社会使命进行衡量和管理被称为社会绩效管理(SPM)。尽管社会绩效管理(SPM)在小额信贷领域相对较新,但它在小额信贷行业内所起的作用日益显著。

1. 社会绩效

就广义而言,社会绩效是指一个机构经营管理所产生的社会效益,也就是对社会的科技、政治、文化、生态、环境等方面所做出或可能做出的贡献,例如,对扶贫、社会公正、男女平等、环境保护等方面的贡献。

而小额信贷领域的社会绩效就是小额信贷机构通过经营管理实现其社会目标所达成的结果,例如,惠及目标客户、满足客户需求、改善客户生活等。这与小额信贷的财务目标相对应,被称为小额信贷的双目标,也叫作双重底线,即小额信贷机构在帮助贫困、低收入和微型企业等弱势群体摆脱困境(社会目标)的同时也要实现自身的商业可持续发展(财务目标)。

一般而言,小额信贷机构在设置社会目标时,主要涵盖以下三个方面内容:

(1) 针对目标客户提供可持续的金融服务,扩大覆盖广度、加深覆盖深度、提高服务质量。

(2) 针对目标客户及其家人和所在社区,满足各方的需求,改善人们的生活。

(3) 提高小额信贷机构对于员工、客户以及所在社区的社会责任，为各方带来收益，提升自身价值。

2. 社会绩效管理

社会绩效管理是小额信贷机构为实现其社会目标，通过设定指标、开展经营管理、产生社会绩效的过程。

小额信贷机构开展社会绩效管理可以带来以下三个方面的好处：

第一，从小额信贷机构的角度，小额信贷机构是寻求财务和社会效益，具备双重底线的机构。财务目标和社会目标有时可能会冲突，这就需要进行权衡，及早发现经营管理中的问题，让小额信贷机构更能吸引潜在客户，通过积极回应客户需求来增加客户保留率，管理和改进社会绩效能够相应地提升小额信贷机构的财务绩效，成为一个以客户为中心的机构，提供以需求为导向的产品和服务，提高机构的透明度并实现机构的宗旨目标。

第二，从客户的角度，客户可以获得更多的产品选择，更好的客户服务，以及对小额信贷机构的管理和政策有更大的发言权。

第三，从利益相关者的角度，在没有引入社会绩效之前，捐助者和具有社会责任的投资者只关注财务绩效，造成资金流向极少数财务业绩优良的小额信贷机构。而社会绩效管理可以让处于不同发展阶段的小额信贷机构向捐助者和投资者证明其社会绩效，要求他们重新分配资金，转而支持实现较高双重回报的社会导向型的小额信贷机构。

3. 社会绩效管理与社会绩效评估

社会绩效管理是一个更为广泛的概念，是一个衡量、分析、报告和使用社会绩效信息的过程。社会绩效评估是一个相对狭窄的概念，特指对社会绩效进行具体的评估。

有效的社会绩效管理就是将社会绩效信息整合到小额信贷机构的日常经营管理和整个价值体系中，指导机构实现宗旨目标。换句话说，社会绩效必须制度化。不同的小额信贷利益相关者对社会绩效管理有着不同的标准。例如，捐助者和具有社会责任的投资者可能会更加强调信息的精确度，验证其影响力，而小额信贷机构则可能会更加关注实用性，通过改善机构的经营管理，提高其可持续发展能力。

（二）社会绩效管理路径

社会绩效管理在实施过程中是一项较为复杂的工程，涉及绩效管理系统与战略规划、信贷方法与产品设计、内外部审计，还有相关的工具指标体系设计以及信息的反馈和对最终结果的评估等。小额信贷机构实施社会绩效管理，不仅需要内在的意愿和动力，同时也必须具备一定的组织制度和技术条件。随着社会绩效管理理念的不断深入，许多国际组织也积极推动小额信贷机构实施社会绩效管理，美国微型金融信息交流平台（MIX）要求挂牌机构公布各自的社会绩效指标。在世行扶贫协商小组（CGAP）的推动下，2005年，全球社会绩效工作组（SPTF）基于历史研究成果，为小额信贷机构开展社会绩效管理绘制了一幅路径图，如图24所示，并形成了一套完善的社会绩效指标评价体系。

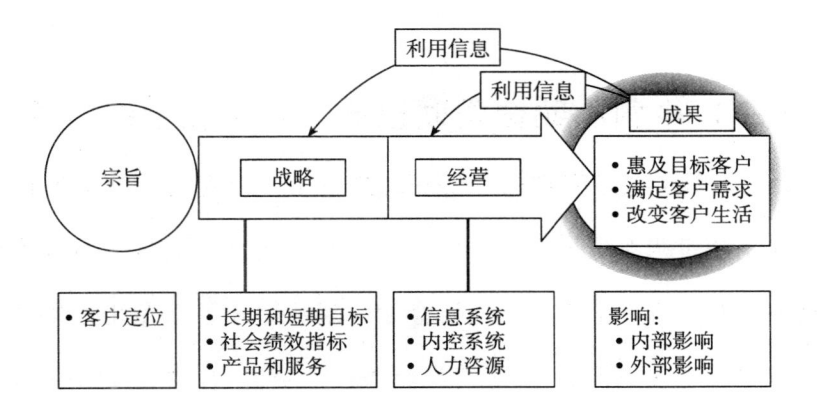

图 24　社会绩效管理路径

从社会绩效管理路径图中可以看出，为了实现三方面的社会绩效成果（惠及目标客户、满足客户需求、改变客户生活），小额信贷机构需要从源头开始引入社会绩效的理念，在设置宗旨目标时，就要体现社会绩效的内容，明确机构的客户定位，通过设置长短期目标来分解机构的宗旨目标，围绕这些目标匹配相应的产品与服务、信息系统、内控系统、人力资源等，最终达成目标，产生预定的影响，通过机构的社会和财务方面的成果所反映出来的数据和信息来对机构的战略和经营进行相应调整，这就完成了社会绩效管理的整套流程。

以上路径的每一个环节都会对最后成果的达成产生至关重要的影响，缺一不可。因此，小额信贷机构开展社会绩效管理，必须将社会绩效的理念融入小额信贷机构的宗旨目标、战略规划、经营管理、规章制度等体系中，从而实现社会目标，提升机构的整体绩效水平和可持续发展能力。

(三) 中国小额信贷联盟会员机构社会绩效现状

以上对社会绩效管理的一些概念进行了简要阐述,为了了解中国小额信贷机构在社会绩效管理方面的实践状况,中国小额信贷联盟就非营利性小额信贷机构的社会绩效现状展开了问卷调查和实地考察。本报告收集了31家非营利性小额信贷机构的社会绩效信息,其中有19家中国小额信贷联盟的非政府组织小额信贷会员机构、10家合作社类型的会员机构、1家小贷公司会员机构以及1家非会员机构,即中和农信项目管理有限公司。

针对非营利性小额信贷机构的调查问卷,中国小额信贷联盟邀请并组织行业相关专家进行讨论,并结合目前现存的各种类型的非营利性小额信贷机构情况设计调查问卷的结构和内容,然后在会员机构和个别非会员机构中开展问卷调查和实地考察。此调查问卷中有关社会绩效的部分主要涉及以下六个方面,具体如表18所示。

表18　　　　　　调查表中涉及社会绩效的问题

分类	具体内容
(一) 机构治理	1. 机构宗旨
	2. 治理结构
(二) 服务提供	1. 除信贷服务外,机构还提供哪些服务?
	其中:非金融服务
	2. 各类担保形式贷款笔数和金额
	其中:信用贷款
	抵押贷款
	质押贷款
	他人担保贷款

续表

分类	具体内容
（二）服务提供	联保贷款
	3. 客户保护
	其中：是否在联盟网站签署客户保护公约？
	是否接受过客户保护评估或评级？
	过去三个月收到多少客户投诉？
	是否做过客户满意度调查？
	对客户培训的次数和总人数
（三）覆盖广度	1. 贷款规模
	2. 客户数量
（四）覆盖深度	1. 当年累计贷款笔数和金额
	其中：个人贷款中的农牧户贷款
	2. 最低单笔贷款金额
	3. 最高单笔贷款金额
（五）贫困户占比	年底在贷客户个数，其中：建档立卡贫困户个数
（六）其他	1. 员工发展
	其中：是否与员工签劳动合同
	员工是否有"五险一金"
	员工外出培训的人次
	2. 妇女发展
	其中：女性员工数
	个人贷款中的女性客户贷款
	个体工商户贷款中的女性客户贷款

1. 机构治理

（1）机构宗旨。从31家机构所提交章程中的宗旨来看，非营利性小额信贷机构的宗旨和目标基本上都是以社会目标为主，兼顾财务目标。这说明非营利性小额信贷机构的初心是希望通过金融服务帮助弱势群体提高收入和改善生活、促进社区发展以及社会和谐进步。

（2）治理结构。中国非营利性小额信贷机构的治理结构尽管机构的组织形式有所不同，但都是参照非政府组织的治理框架，由决策层和执行层组成。理事会是决策层，而管理团队则是执行层。此次调查问卷收集的31份机构数据，其组织形式包括协会、服务中心、项目办公室、合作社、管理中心和公司。尽管这些机构都设置了较为合理的治理框架，但在经营管理过程中，大部分机构的理事会并没有真正发挥决策层的作用，而作为执行层的管理团队则既做决策，也要执行，这就造成决策层与执行层之间的相互促进与制衡的作用失灵，影响机构的可持续发展。

2. 服务提供

（1）非金融服务种类。此次收集统计的31家调查问卷中，其中12家非营利性小额信贷机构除了信贷服务外，还为客户提供了其他非金融服务，主要包括农业技术培训、慈善公益活动、土地托管、农资统购统销、文化娱乐活动、电商服务、妇女赋能和能力建设培训、妇女保健、儿童教育、传统美德孝道培训等。

（2）贷款担保形式。此次调查问卷涉及五种担保方式，即信用贷款、抵押贷款、质押贷款、他人担保贷款和联保贷款。从31份机构数据来看，15家机构只提供上述某一种贷款担保方式，例如8家机构只提供信用贷款，6家机构只提供联保贷款，1家机构仅提供他人担保贷款。此外，3家机构除联保贷款外还提供他人担保贷款；5家机构提供信用贷款的同时，也提供其他1—2种贷款担保方式。上述31家机构中，有4家机构涉及抵押贷款方式，3家机构涉及质押贷款方式。

此次调查问卷的相关数据显示，可以分析出信用贷款和联保贷款是非营利性小额信贷机构的主要贷款担保方式。因弱势群体本身缺少或没有抵押或质押物，通过银行等正规金融渠道很难获得贷款，那么信用贷款或联保贷款方式则可以让这些被正规金融机构排斥在外的弱势群体更易获得小额贷款服务。

（3）客户保护。此次调查问卷收集的31份机构的2017年数据显示，12家机构统计了对客户的培训次数，总计1044次，涉及总人数约4.9万人。1家机构未进行相关数字的统计，另有18家机构对客户未进行培训。

上述谈及的12家机构对客户的培训次数也有很大差别，少的一年一次，多的则达600次，并且受益客户总数也从80—20000人不等。

调查问卷涉及的31家机构中，有1家在过去3个月收到过客户投诉；有两家机构近期做过客户满意度调查，满意率均在98%以上，另有1家机构虽未正式做过客户满意度调查，但在平时客户回访中会随机进行调查，其他20多家机构未做过客户满意度调查。

此外，在此次调查问卷的基础上进一步了解到，有16家机构已在联盟网站签署了客户保护公约，并且签署客户保护公约的机构中有两家机构也分别接受过Micro Finanza Rating和格莱珉银行的客户保护评估或评级。

3. 覆盖广度

（1）贷款规模。此次调查问卷收集统计的31家机构的2017年数据中显示，有3家机构2017年累计贷款发放额已达数亿元，11

家机构2017年累计贷款发放额在千万元以上不等，13家机构贷款规模在百万元以上不等，1家机构贷款规模在40多万元，3家机构2017年暂时未开展信贷业务。

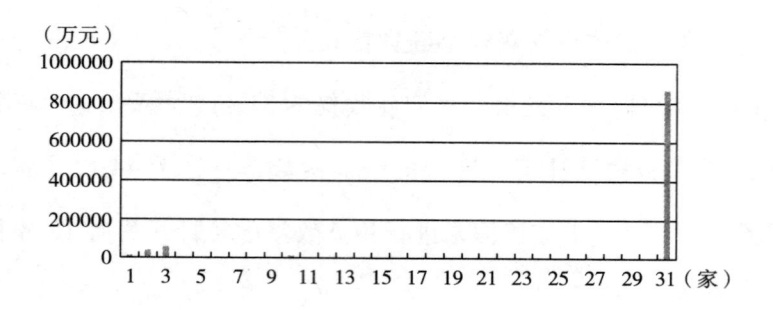

图25　2017年31家非营利性小额信贷机构累计贷款发放额

（2）客户数量。此次调查问卷收集统计的31家机构的2017年数据显示，有1家机构2017年底有效客户数达38万人，1家机构客户数约两万人，两家机构在4800人以上，6家机构客户数在1000—3000人，其他机构客户数在50—900人不等。

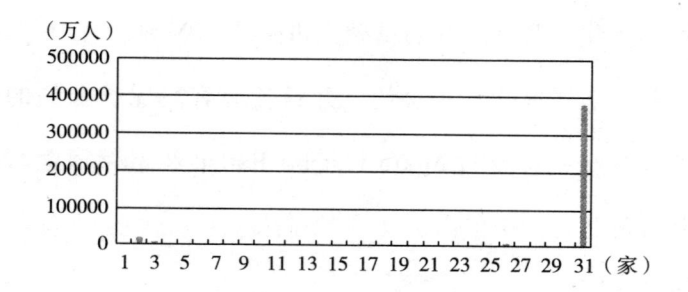

图26　2017年年底31家非营利性小额信贷机构有效客户数

4. 覆盖深度

（1）个人贷款中的农牧户贷款。此次调查问卷收集统计的 31 家机构的 2017 年数据显示，有 19 家机构为农牧户提供贷款，其中 6 家机构的客户均为农牧户，其他 12 家机构提供了一定比例的农牧户贷款，农牧户贷款笔数占个人贷款笔数由 11%—99% 不等，农牧户贷款金额占比为 32%—97% 不等。

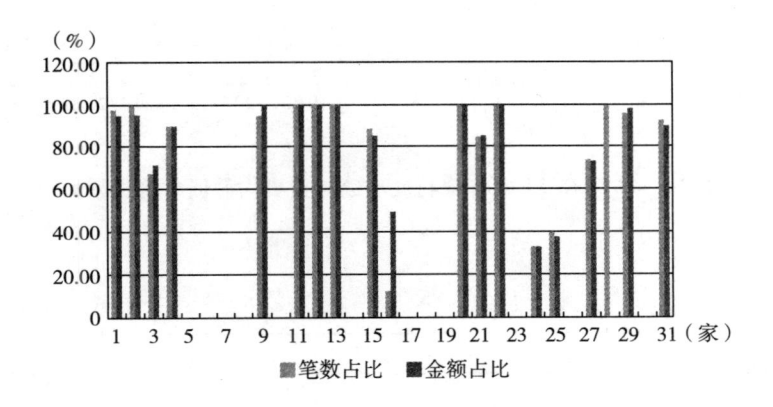

图 27　2017 年 31 家非营利性小额信贷机构个人贷款中农牧户当年累计贷款的笔数和金额占比

从此次调查问卷收集的 31 家样本数据可以发现，农牧户贷款笔数和贷款金额并不一定成正比，个别机构虽然农牧户贷款笔数不多，但贷款金额占比却相对较高；并且个别机构虽然农牧户贷款笔数比较高，但是贷款金额占比相对低几个百分点。

（2）最低单笔贷款额、最高单笔贷款额、平均单笔贷款额。此次调查问卷收集统计的 31 家机构的 2017 年数据显示，16 家机构最低单笔贷款额在 5000 元以下，且其中最低单笔贷款额为 100 元；有

1家机构的最低单笔贷款额为30000元,其他机构的最低单笔贷款额基本为10000元。

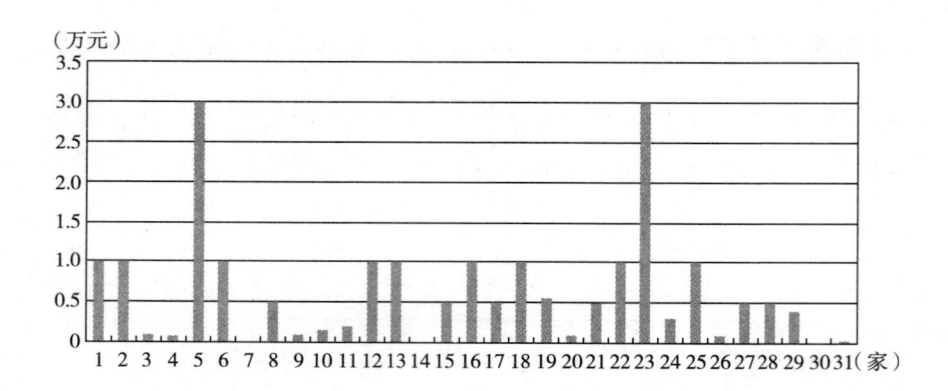

图28 2017年31家非营利性小额信贷机构最低单笔贷款额

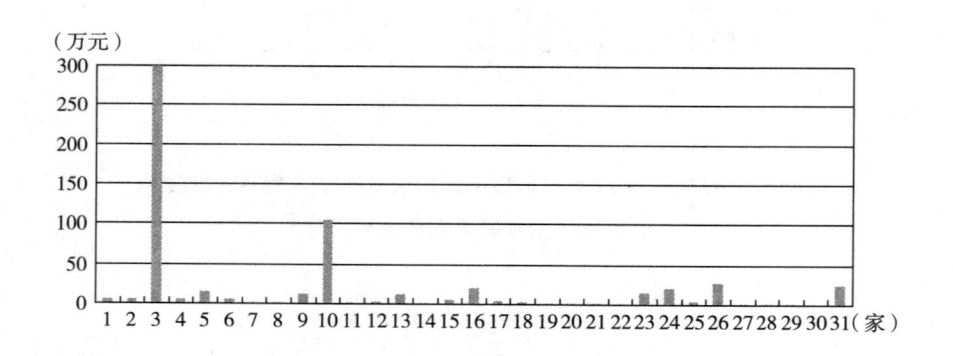

图29 2017年31家非营利性小额信贷机构最高单笔贷款额

此次调查问卷收集统计的31家机构的2017年数据显示,有1家非营利性小额信贷机构的最高单笔贷款额为300万元,1家机构的最高单笔贷款额5000元,大部分机构的最高单笔贷款额在5万元以内。

此次调查问卷收集统计的 31 家机构的 2017 年数据（见表 19），其中 4 家机构缺少相关数据，7 家机构平均单笔贷款额在 5 万元以上，约占 23%；20 家机构平均单笔贷款余额都在 5 万元以下，并且大部分机构的平均单笔贷款余额分布在 1 万—3 万元。平均单笔贷款额 1 万元（含）以下的机构 4 家，占 14%。

表 19　2017 年 31 家非营利性小额信贷机构平均单笔贷款额分布

贷款分布	5000 元以下	5000—1 万元（含）	1 万—3 万元	3 万—5 万元	5 万元以上
机构数量（家）	2	2	15	1	7
占全部样本的比重（%）	7	7	48	3	23

由此可见，非营利性小额信贷机构基本上以 3 万元以下的贷款业务为主，通过小额度从而覆盖更多的人群。

5. 扶贫户占比

此次调查问卷收集统计的 31 家机构的 2017 年数据显示，9 家机构的客户涉及建档立卡贫困户，涉及建档立卡户共计 10950 户。其中，有 1 家机构 25% 的客户均为建档立卡贫困户。

6. 其他

（1）员工发展。此次调查问卷收集统计的 31 家机构中，有 24 家机构与员工签署了劳动合同，18 家机构为员工上了"五险一金"，1 家机构只为员工上了"五险"。

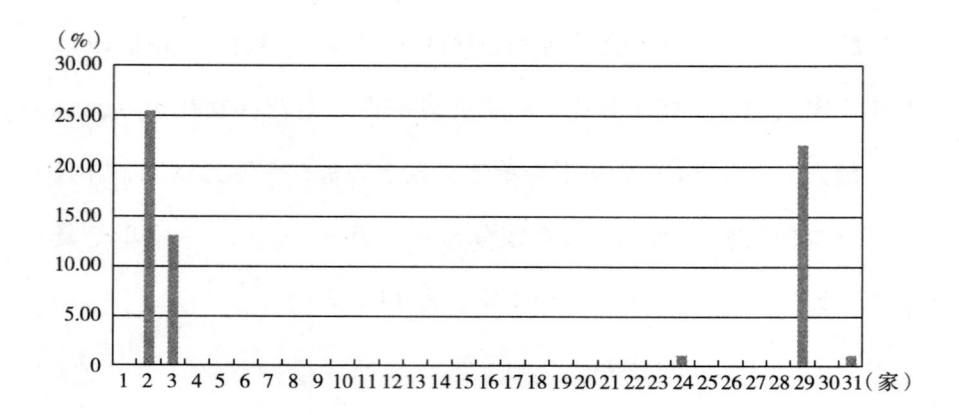

图 30 2017 年 31 家非营利性小额信贷机构服务的建档立卡贫困户占比

调查问卷中2017年相关信息显示，有16家机构当年员工外出培训在5人次以内，3家机构当年员工外出培训20—40人次，1家机构培训人次为105次，1家机构为1300多人次，其他10家机构未组织过员工进行外出培训。

（2）妇女发展。①女性员工。此次调查问卷收集统计的31家机构数据显示，非营利性小额信贷机构中女性员工都占一定比例，女性员工数量占比最低为20%，并且有4家机构员工全部为女性，即女性员工占比100%。②个人贷款中女性客户贷款的笔数和金额。此次调查问卷收集统计的31家机构2017年数据显示，19家机构的个人贷款中涉及女性客户贷款，并且上述19家机构中有5家机构的女性客户贷款笔数和金额占机构个人贷款中的比例均为100%，即其服务的对象均为女性。③个体工商户贷款中女性客户贷款笔数和金额。

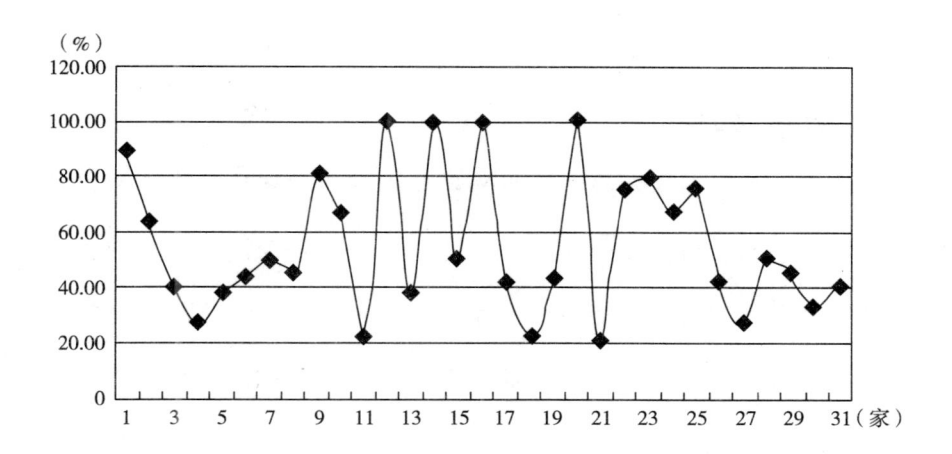

图31　31家非营利性小额信贷机构女性员工占比

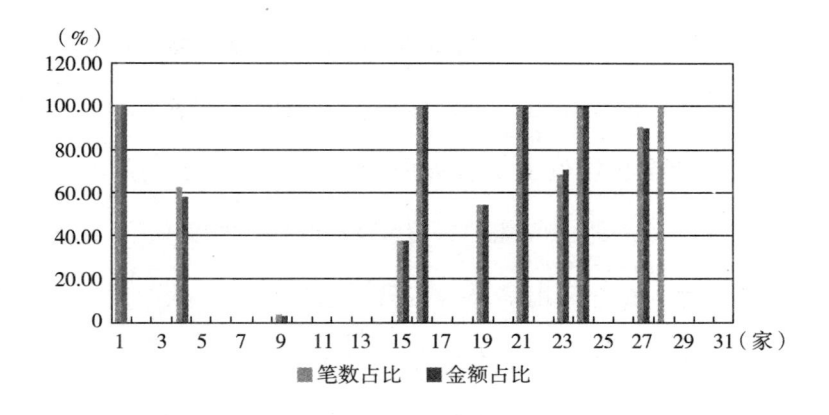

图32　2017年31家非营利性小额信贷机构个体工商户贷款
女性客户累计贷款笔数占比和金额占比

此次调查问卷收集统计的31家机构2017年数据显示，有15家机构提供个体工商户贷款，其中11家机构提供的此类贷款中女性客户贷款笔数和金额都有一定比例，最高达100%。

（四）结论

尽管此次参与问卷调查的非营利性小额信贷机构的样本数量较小，但从机构治理、服务提供、覆盖广度、覆盖深度、贫困户占比等方面的数据来看，也能在一定程度上反映非营利性小额信贷机构在社会绩效管理方面的普遍现状。首先，非营利性小额信贷机构普遍将社会目标写入机构的宗旨，这说明机构设立的目的是解决社会中存在的问题，而不仅仅是为了追逐收益最大化，体现了非营利性小额信贷机构的社会使命和社会价值，但从治理的实践来看，并没有从制度和执行方面保证宗旨目标的实现，非营利性小额信贷机构需要不断提升其治理能力，充分发挥决策层的功效。其次，非营利性小额信贷机构在提供信贷服务的同时，也提供大量的非金融服务，旨在增强客户的创收能力，真正做到"授之以渔"，让客户通过自身的努力，充分利用好金融工具，创造更多收入，改善家庭生活。当然，非金融服务的提供给非营利性小额信贷机构增加了额外的时间投入与财务支出，其可持续性受到一定的挑战，这就需要非营利性小额信贷机构在决定提供非金融服务时做好充分的预算与筹划，尽量以可持续的方式提供，避免短期效应可能造成的不良后果。再次，就覆盖的广度和深度而言，绝大部分非营利性小额信贷机构有深度无广度，也就是说，这些机构基本瞄准了那些需要金融服务的贫困、低收入人群，比如建档立卡户作为其目标客户，而鉴于资金、管理等方面的因素制约，除了中和农信之外，这些机构服务的客户数量都较少，没有形成规模效应。最后，非营利性小额信贷机构都非常重视性别平等，从女性客户、女性员工的占比来看，都显示了这些机构关注女性在就业和创业方面的需求以及她们在家庭中所能发挥的关键作用。

综上所述，中国非营利性小额信贷机构基本上都设置了社会目标，但由于对社会绩效和社会绩效管理还缺乏系统的认知，在经营管理中没有贯彻落实，从而无法像财务绩效一样用数据来展现其社会绩效，让社会各界不能真正认识到中国非营利性小额信贷机构的社会价值。因此，中国非营利性小额信贷机构应加强社会绩效和社会绩效管理方面的知识，完善各自的经营管理系统，更加全面、真实地反映机构的经营状况，得到更多的认同和支持，才能实现真正的可持续发展。

八 中国非营利性小额信贷组织研究的结论和政策思考

——公益性小额信贷组织是普惠金融健康发展的重要补充力量

（一）若干结论性意见

1. 公益小额信贷组织自觉自愿服务于普惠金融的低端群体

2015年经党中央批准，国务院颁布了《推进普惠金融发展规划（2016—2020年）》（以下简称《规划》）。《规划》确立了推进普惠金融发展的指导思想、基本原则和发展目标，对普惠金融服务机构、产品创新、基础设施、法律法规和教育宣传等方面提出了一系列政策措施和保障手段。

《规划》明确提出：发展普惠金融，目的（总体目标）就是要提升金融服务的覆盖率、可得性、满意度，满足人民群众日益增长的金融需求，特别是要让农民、小微企业、城镇低收入人群、贫困人群和残疾人、老年人等及时获取价格合理、便捷安全的金融服务。普惠金融的供给方是由各类可能的金融服务者组成的，在我国，只贷不存的小额信贷机构是普惠金融供给方的重要组成部分，尤其是具有社会企业性质特征（以社会发展为宗旨和目标、进行市场化运作、获得的利润主要用于扩大再生产或社会发展）的真正规范的公益性制度主义小额信贷组织是发展普惠金融最忠实的支持者和践行者，它们从内心深处全心全意拥护普惠金融，自发自觉、不讲条件地服务于普惠金融服务目标群体中的中低端和贫困客户。

我们认为，世界上，包括中国在内，小额信贷大体可分为三种类型，即福利主义小额信贷；公益性制度主义小额信贷；商业性小额信贷。福利型/政策性小额信贷与非营利性/公益性制度主义扶贫小额信贷机构一样，都具有体现政府战略意图和政策目的，即扶弱扶贫使命的特征和宗旨，但前者却需要长期依赖政府或外部的资金补贴，无论政府还是民间社会开展的福利主义小额信贷都是不可持续的，还可能诱发其他负面作用。它本身属于特惠金融的概念。当然，为金融服务政府脱贫攻坚战，实现2020年消灭绝对贫困的战略意图和政策目标，福利主义小额信贷可以也应该作为阶段性或特定时期的举措实施，但不应作为长期战略和措施施行。

商业性小额信贷机构追求自身的利润，其服务的目标群体难以到达低端弱势和贫困群体，而追求保本微利和组织与财务可持续发展的公益性制度主义小额信贷组织和合作金融机构（规范运作的这两类组织又可称为"社会企业"类组织）的目标任务是服务于低端弱势和贫困群体的经济社会发展和社员权益的保障，有其特有的优势和作用。

我国非营利性/公益性小额信贷组织在当代历史上（20世纪90年代中前期起至今）对农村扶弱扶贫和城市创业就业起过重要作用且至今依旧发挥积极影响。它们与商业性小贷公司和其他放贷组织在目标宗旨、机构性质、服务对象、服务内容和方式等方面有着很大区别，是中国特色普惠金融体系的重要组成部分。它们绝大多数设在国家和省重点扶贫开发县，服务于那里的低端群体。不过，从组织和财务可持续发展的角度观察，这类组织的不同机构的运营目标和经营状况有较大的差异。

这些组织多借鉴孟加拉国"乡村银行"模式，现存的非营利性/公益性小额信贷组织均有5—20年的历史。一般由社团组织、社会组织（不少依托政府机构）建立，它们利用社会筹资，专向中低收入群体和贫困户（多数为妇女）提供小额信贷服务，只发放几千元至几万元贷款，且只发放贷款不吸收社会存款。它们扶弱扶贫的社会效益显著，每个县的项目已覆盖了几千户至上万户不等的低收入农户。它们中的多数也在探索可持续发展之路，其中的不少机构已基本具备了既扶弱扶贫又达到组织和财务上的可持续发展（保本微利）的水平。它们与政府财政支持的贫困村互助资金项目一样扶贫，而且，经历了时间考验，与后者相比，服务更专业，规模更大。它们开展的针对低端弱势群体和贫困群体的小额贷款活动是商业性金融（包括类金融）机构在没有财政补贴的前提下至今都基本没有也不会去涉足的，因此，它们是践行服务普惠金融中的底端群体的不可多得的主要金融供给方。

但是，这类小额信贷机构的发展面临许多困难，除了其自身业务水平和能力制约之外，最重要的是缺少支持其大规模、可持续发展的法规政策和监管以及融资等必要的制度安排。由于这些机构大部分资本金规模较小，难以满足目前各地对小贷公司注册资本金的要求，因此难以小额贷款公司形式注册获得合法放贷资格；也因此缺乏制度性持续性的资金来源和融资渠道。很难扩大服务规模和覆盖面，也难以可持续地为低收入群体提供小额信贷服务。

2. 公益性小额信贷组织的成败原因

公益性小额信贷组织自20世纪90年代中前期到21世纪初先后在我国中西部贫困地区先后出现过300多个项目机构，但由于种种原因，除去一些可持续发展的组织机构能基本维持现状或规模有所扩展，个别的，如中国扶贫基金会下属的中和农信和其他几个机构较快速发展壮大外，多数项目机构不断萎缩或者已经消亡。这是十分可惜的，这也使我国的公益性小额信贷组织没有像有些国家的扶贫小额信贷机构那样成长壮大，我国的公益性小额信贷组织生存和发展状况总体上堪忧。

我国公益性小额信贷组织总体上没有发展壮大的原因，总的说来，从外部条件看，政府重视程度低、缺少政策支持，无合法的法律地位，无制度性稳定的融资渠道，缺少机构早期的扶持政策和资金支持。从内部状况看，多数组织的资金规模小，治理结构不健全，人员业务素质弱，风险内控机制差。但主要矛盾是政府宏观政策制度上的障碍。

我国的公益性小额信贷组织，除少数机构在不同程度上获得政府的支持或扶持之外，多年来基本上处于自生自灭的状态。在我国，小额信贷组织成败的原因多样，但实践证明，其自身的微观因素十分重要，但其没有在广大欠发达农村地区形成燎原之势，与我国在宏观的政策法规上有重大缺陷有关，使其难以发展壮大，使其不能有效地以普惠金融的理念和实践在金融扶弱扶贫上发挥示范性的作用。

公益性小额信贷组织自身成败的主要因素。公益性小额信贷项目或机构的成败，从机构内部因素看，首先是否有为弱势群体提供金融服务的情怀、追求、信念、价值观，也可称为"道"，现在人们也称为"文化"。然后再是专业知识、能力和技术，包括数字技术和金融科技，也就是"术"。也可以说，成功的首要条件是需要德才兼备，以德为先的领头人和团队。"道"和"术"缺一不可，相辅相成。

（1）成功组织机构的主要经验如下：一是健全了上层专业专职管理办公室/总部和人员，机构带头人和领导团队的德才素质尤为重要。完善了管理、监督、服务、协调和培训基层运营机构和人员的体制机制。能较有效地贯彻落实组织机构的文化和有关规章制度及运行、激励约束机制。

二是当地政府发文真心支持，但不干预具体业务活动，并同意项目机构在当地注册为一个合法机构。能协调当地各方配合支持，至少不干扰项目/机构运营，与项目外来上级管理机构协同合作，保证项目/机构的正常发展。

三是当地基层项目管理团队专职专业化，有较强的德才素质，对小额信贷项目的开展和机构的可持续发展尽心尽力，并在实践中不断提高管理能力和业务素质。

四是完善了管理、监督、服务、协调和培训基层运营机构和人员的体制机制，能较有效地贯彻落实组织机构的文化和有关规章制度及运行、激励约束机制。

（2）最终趋于失败和消亡的项目/机构的主要问题如下：一是项目上层管理部门缺乏有效监管，鞭长莫及，监管不到位；地方层面没有专门的、专业的运营机构和外部监管，主管人员来自政府部门，并没有真正做到专职，难以独立运营，对小额信贷不专业和/或人员变动比较频繁，出了问题没有明确有效的问责机制。

二是体制不顺。项目/机构上层管理部门与地方政府对项目的开展和持续发展难以协调一致，实际是"两张皮"。地方政府往往对外来资金，感兴趣的是对当地投入的好处，对需要持续严格监督管理的事则兴趣会大大缩水。一般来说，地方官员没有持续性地关注和支持项目可持续发展的愿望，一任官员一个想法。

三是地方主管部门及其人员迫使或串通项目办滥用项目资金。

四是对具备可持续发展潜力的项目/机构，缺少政策法规的合法性问题往往才真正表现出是个大问题。

五是随着国家经济的发展和金融服务条件的改善，联合国小额信贷项目，如开发计划署、儿童基金会、粮食计划署等，数量多、分布散、规模小、管理能力弱，其作用和重要性明显下降。这也使地方政府的积极性进一步下降。

六是人员能力不足是个问题，但在项目初期不是关键性问题，由于项目资金量不大，专业管理要求不是很高，关键是认真负责的工作精神和行动，以及防控风险的机制。不过，对长期发展的机构而言，人员能力是个大问题。

七是资金短缺对可持续发展的机构而言是大问题，但在项目开始的若干年内也不是关键性问题。最重要的应是能搞好风控，将已有的资金管好，否则钱多了，则可能会出更多更大的问题。在项目发展过程中，风控水平低、管不好人和资金才是个大的关键性问题。

3. 总体上说，我国公益性制度主义小额信贷组织在微观上是成功的，宏观上则不成功

（1）公益性制度主义小额信贷组织微观上有不少成功的案例。我国公益性制度主义小额信贷组织模拟、借鉴国际成功经验，起步于20世纪90年代中前期，25年的实践证明规范的公益性制度主义小额信贷组织在服务于弱势和贫困群体金融需求方面是成功的。它们始终不忘初心、牢记使命、踏踏实实、真心实意、默默无闻地服务于它们的目标群体，而且，实现了保本微利、可持续地服务于目标客户。

例如，中国扶贫基金会下属的中和农信这样的公益性小贷机构，它已发展到约300个县，贷款余额60多亿元，有效客户40多万户，就是个模范的公益性可持续发展的小额信贷组织。它做到了保本微利和可持续发展，它的资本回报率才百分之一点几，也不需政府长期补贴，贷款不良率在1%上下。它从市场融资，但是至今没有适宜的法律身份。如果政策能给它扶贫再贷款，它还可以给穷人的贷款利率再降低，使穷人受益更大，它自身也保证保本微利。中和农

信这样的机构，如果政策允许，完全可能做成中国的 GB 式的"穷人银行"。如果不能做成"穷人银行"，延续现在这样的公益性小贷组织也可行，它还在不断发展壮大。而且它也在金融创新，运用金融科技，不断地与时俱进。中和农信在治理结构、人员、风控、奖惩机制、文化环境建设、技术保障等方面都不断地改善。因为国务院有关领导肯定了它，它才能这么做下去。但是至今它仍然没有适宜的法律地位，总部没有任何的金融牌照。

我国现在还有一些发展历史较长的公益性小额信贷组织，只是规模没有中和农信这么大。例如，宁夏东方惠民小贷现在是三四亿元的贷款余额，重庆开州民丰合作会也是三四亿元的贷款余额。东方惠民小贷的经验得到自治区政府的认同，开州民丰合作会的经验是重庆市委市政府发文认可的。重庆市政府鼓励在本市贫困县推动，现在复制借鉴它的也有一两个试点。但是，这些有益经验由于缺少国家层面有关政策法规的支持，也难以借鉴推广到全国欠发达地区。例如，陕西有三个较好的公益型小贷组织，分别在西乡、蒲城、淳化县，这三个都是妇联的前主任负责管理运作，服务对象全是低收入妇女，机构资金艰难地依靠自筹，没有或很少拿到政府的财政支持，但是照样在任劳任怨地扶贫，而且扶持的多是很贫困的妇女，单笔贷款只有几千元至一两万元人民币。贫困妇女在农信社和银行难以借到贷款，只能在这些公益小贷机构拿到贷款。在这些机构的支持下，穷人慢慢地发展起来。这些机构放的贷款余额现在是两三千万元，也做到了保本微利。像这类真正的勤勤恳恳地干、默默无闻地帮助了很多低收入贫困妇女，而且都已经存在了十几年了，一直没有适宜的合法地位，并且现在融资也很困难，但是穷人贷款需求又极大。而且，现在的地方监管部门还说其不合法，要求其解散。这使机构面临可能消失的前景，管理和工作人员很困惑、很难办，甚至积劳成疾。这种状况是很不合理、很不公平的。至今在政府宏观政策上没有真正致力于鼓励这类组织的发展，这是需要中央和地方政府有关部门认真反思的。这些历史长、敢创新、愿扶贫、谋持续的公益小额信贷组织应该得到政策法规的实质性支持，鼓励在一些公益小贷做得不错的地方和广大的贫困农村地区借鉴推广。

表20 我国公益性制度主义小额信贷组织举例（截至2018年年底）

机构名称	内蒙古乌审旗贫困地区社会发展小额信贷管理中心	内蒙古赤峰市昭乌达妇女可持续发展协会	陕西省西乡县妇女发展协会	重庆市开州区民丰互助合作会
设立放贷时间（年）	1996	1998	2005	1997
运作情况	只在本县	5个县	只在本县	只在本县
员工数（人）	7	38	40	102
累计放贷总额（万元）	6505.8	55000	28000	50100
贷款总客户/笔数	26622户	50000户	22344笔	21.1万笔
现有贷款余额（万元）	610	3891	3547	33100
有效客户数（户）	1424	4289	1342	5891
妇女客户占比（%）	100	100	98	59
平均贷款额（万元）	0.42	1.02	2.59	5.6
年贷款利率	9.6%	13.6%—16.7%	12.72%	10.98‰
不良贷款或风险贷款率（%）	0	1.70	0.17	1.90
ROA（资产回报率）（%）	6.3	4.81	4.84	3.0（2017）
ROE（资本回报率）（%）	6.3	11.94	15.9	11.0（2017）

让我们再来看一个有经典意义也可以说是对银行业有讽刺意味的案例。在我国西南地区某超百万人口的贫困县有11个银行业金融机构（含中国农业发展银行和国有大银行、地方农村商业银行、城市商业银行及村镇银行）以及商业小额公司，同时有一个历史较长的公益性小额信贷组织。据当地人民银行的统计，2014年年底这个县的这个公益小贷组织在农村的农户贷款余额1.8亿元（占其全部贷款余额的73%，其他为小微企业贷款），比全县11家银行机构的全部农户贷款余额还高出3800万元，不良贷款率控制在1%以下。当时成为该县农村的农户信贷服务的重要力量，甚至可以说主要力量。然而，极不公平的是由于它不是注册的金融机构，现在仍不能享受与金融机构同样税收政策，税负负担高于金融机构，而且，还有人说它非法。

总体而言，从微观层面，在中国具有扶弱扶贫性质的公益性小贷，实践证明是可以成功，是可以保本微利可持续发展的，这有实例证明。只要公益性小额信贷机构真心实意扶弱扶贫，努力克服内部微观层面的管理问题，公益性小额信贷机构甚至在贷款资金只有几百万元的水平上就能实现自负盈亏，这对于商业银行来说是不可想象的。

（2）公益性制度主义小额信贷组织发展"瓶颈"主要在于宏观政策法规难以落实。2015年年底国务院颁布的《推进普惠金融发展规划（2016—2020年）》明确提出，"通过法律法规明确从事扶贫小额信贷业务的组织或机构的定位"。至今，这类真心实意扶弱扶贫又追求可持续发展的公益性小贷组织的法律地位和制度性融资渠道等问题仍然没有解决。

其实，我们有不少学者，包括监管部门的一些领导长期以来一直在倡导、呼吁和建议在政策法规上支持公益性小额信贷组织的发展。2015年8月，国务院法制办发布《非存款类放贷组织条例（征求意见稿）》，向全社会公开征求意见，我们在多项意见中也重点提出过应考虑解决这类非营利性/公益性小额贷款组织发展所面临问题的意见。2018年"两会"前，我们与人大代表、社科院农发所所长共同提交提案，希望相关部门尽快解决此问题。

为了解研究这类非营利性/公益性小额贷款组织的发展状况，中国人民银行2014年曾牵头银监会、中国社会科学院和国务院扶贫办四部委组织对中国社会科学院扶贫小额信贷组织和中和农信小额信贷组织做过调研，我们作为试点项目/机构成员，也参与了调研和提供调研报告的意见。四部委调研报告肯定了这类公益性组织对小额信贷扶贫和普惠金融的一定作用，并将调研报告和建议提交给国务院。李克强总理和两位副总理等国务院领导对此报告有过肯定性圈批，国务院办公厅文件在回复此报告的意见中明确建议中国人民银行商有关部门在制定《非存款类放贷组织条例》时，要考虑对此类机构安排专门规定。其实，中央和国务院领导对一些表现突出的公益性小额信贷组织也是十分关心并要求有关部门认真考虑解决它们的发展"瓶颈"。例如，我们可以看一下国务院领导对中和农信的法律地位等问题的意见要旨。

2015年3月，国务院副秘书长根据有关主管副总理的批示精神，召集农业部、中国人民银行、审计署、银监会、扶贫办和开发银行有关负责同志，专题研究中国扶贫基金会小额信贷资质等有关问题。会议形成的专题报告，也已经获得总理和副总理等领导同志的圈批。

会议形成的专题报告指出：党中央、国务院高度重视扶贫开发工作，习近平总书记和李克强总理多次做出重要指示批示，要求精准扶贫、精准脱贫。有关主管和副总理也曾做出批示，对基金会开展小额信贷"瞄准农户"的做法予以肯定，要求有关部门给予指导和支持。基金会小额信贷项目开展近20年来，对扶持贫困农户发展产业、促进就业增收发挥了一定作用。有关方面应从实际出发，按照"在发展中规范、在规范中发展"的原则，支持其创新发展。

但是很遗憾，这些指示和意见至今还没有得到完全有效贯彻执行，或者说只是解决了部分问题，使矛盾有所缓解。根据中国人民银行和银监会两部门的建议，中和农信成立地方全资小额贷款公司，逐步将县农户自立服务社的放贷业务转给小贷公司。2015年年底起，中和农信陆续成立内蒙古、海南、重庆、湖南农村小贷公司，将德阳市中和农信小贷公司变更为四川省中和农信小贷公司，收购甘肃临夏州和政县金麦小贷公司，将其更名为临夏州和政县中和农信小贷公司。经海南、重庆两地金融办批准，中和农信在这两地的小贷公司可通过互联网放贷。自2017年4月起，中和农信贷款全部通过其全资小贷公司发放，以这种方式解决放贷资质问题。

我国对小额信贷机构的政策表现迄今为止是重商业性小额信贷，轻公益性小额信贷，或将两者混为一谈。其实，两者在机构性质、理念追求、目标宗旨、服务对象、服务内容和方式等方面有着很大区别，因此对公益性制度主义小额信贷要做专门规定。对微型金融发展应注意：商业性和公益性小额信贷的平衡发展，对任何小额信贷机构的评价都要有双底线，即财务绩效和社会绩效并重的考核标准，当然，又不能等同要求。

（二）政策建议与思考

1. 对政府和监管部门

（1）政策法规应明确从事扶贫小额信贷业务的组织或机构的定位。有关中央和地方监督管理部门应进一步加强沟通、达成共识、协调一致，推动各类小额信贷健康、有序地发展。政府和监管部门的政策法规应实实在在地支持和规范公益性小额信贷组织的发展。真切希望和再次呼吁与建议，如果计划今年将出台的《非存款类放贷组织条例》还不能对做出对公益性小额信贷组织的专门安排规定，仍继续强烈希望在此条例的下位法条例《小额贷款公司管理条例》出台时，要对此类机构安排专门规定。

这类不吸收社会存款的非营利性/公益性扶贫小额信贷机构（衡量的标准目前是否可以是：该机构的平均单笔贷款和单户贷款余额均不超过10万元人民币）是建立多层次、广覆盖、低成本、可持续的农村普惠金融服务体系的重要组成部分，在当前和未来实施乡村振兴战略中，应规范引导其有序发展，并在政策上给予相应的支持。为此，建议在《小额贷款公司管理条例》中，增加有关非营利性小额信贷组织的专门条款，并将"中国人民银行依据本条例并商有关部门，对社会团体、基金会和民办非企业单位等社会组织开展的小额贷款业务制定非营利性小额贷款业务监管办法"纳入《小额贷款公司管理条例》之中。

具体建议如下：①在条例当中增加一项有关非营利性/公益性小额信贷组织的条款。对这类机构的性质做明确定义，在禁止吸收存款等政策红线之外，对这类机构的设立、运营和监管采取差异化对待。例如，可以由地方金融办批准，在当地民政部门（或工商管理部门）注册；注册资金可以低至300万元。②达到一定条件的，可以提供优惠融资和财税政策的支持。③由财政部提供种子资金，筹集各渠道来源资金建立非营利性小额信贷批发基金，解决融资来源问题。④可以对良好的机构提供支农和扶贫再贷款。⑤成立这类机构专门的行业自律组织（如像中国小额信贷联盟这类组织）对这类机构进行指导和支持。

如条例中无法明确上述内容，建议在条例中增加一条：对于非营利性质的公益性扶贫类小额信贷组织，国务院金融监督管理机构应与相关部门协商，制定有别于商业小额贷款公司的专门规定和政策。

（2）建议在我国中西部设立"穷人银行/平民银行"。我国应该借鉴国际经验，建立我们自己的"穷人银行/平民银行"，目前可以在一定范围内进行试点工作，例如选择中和农信部分网点进行改制试点，当然也可以设立新试点银行机构。

孟加拉国乡村银行建立于1983年，但它源于1976年尤努斯教授团队对农村贫困妇女小额贷款的试验。经过全国农村多地的扶贫小额信贷成功试点，孟加拉国政府1983年批准设立名为"乡村银行/格莱珉银行"的专为农村低端群体服务的"穷人银行"。该银行获得政府的支持，开设时，政府作为大股东加入，对银行实施免税政策，由既有信仰和情怀又有专业经营管理能力的尤努斯为首的团队负责市场化的经营管理。值得强调的是，该银行现在的大股东是那些获得贷款的以贫困妇女为主的低端客户（每人的股份相同），政府的股份降至25%，而包括尤努斯在内的所有银行员工自始至终都不是股东，只是为客户服务的银行雇员。可以看得出，这是一个政府支持的专为穷人服务的合作制银行。我国原来的农村信用社在一定程度上与此银行相似，是为农民服务的合作制银行，但初心已变，正已转变为追求利润的商业银行了。我国中西部农村目前与未来一段长时间，缺少的就是宗旨和目标为低端弱势和贫困群体服务的社会企业性质的公益性和合作性银行。

我国将于2020年解决农村绝对贫困问题，实现全面建成小康社会的目标。但是，相对贫困、地区差距和城乡差异还将长期存在。作为中国共产党领导的社会主义国家，我们的宗旨是公平正义地为人民群众的共同富裕服务。孟加拉国这样一个欠发达国家能出一个专为穷人服务的乡村银行，我们社会主义的中国为什么产生不了？对此，我们应该认真反思。我国2020年消灭绝对贫困后，中西部农村地区仍还有大量的在贫困线附近的农户，还有返贫户，大量的中低收入农村群体需要金融服务，这种欠发达的状况需要长期不懈的努力才能得以改变。而且，2018年年底中央经济工作会议要求，研究解决那些收入水平略高于建档立卡贫困户的群体缺乏政策支持等新问题。金融扶弱扶贫需要滴水穿石、久久为功。

对这部分群体，我们不可能长期运用目前特惠金融的手段，也不应用追求高利润的手段，而应用普惠金融的手段重点解决目前和将来难以服务这部分群体的金融需求。针对这部分低端群体，从过去和目前商业金融机构的表现看，这些机构是不愿意也难以服务到的。只要政府和监管部门真正重视和支持，我国不缺乏有为金融类社会企业贡献自身力量的志士仁人领衔从事此项崇高的使命。

（3）政府支持建立为公益性制度主义小额信贷组织的融资机制。只贷不存的公益性小额信贷组织除了缺乏适宜的法律地位外，融资来源是发展的重大"瓶颈"。只要政府政策支持，可能有多种融资渠道。一是由财政部提供种子资金，筹集各渠道来源资金建立公益性小额信贷批发基金。二是允许金融机构向公益性小额信贷机构提供融资，按穿透监管原则，将金融机构提供的融资额计入其支农支小贷款的统计范围。三是允许公益性小额信贷机构为金融机构助贷。因为面向公益性小额信贷机构服务的弱势群体，金融机构缺乏获客与风控能力，但是具有资金能力；而公益性小额信贷机构具有服务弱势群体的人员和能力，因而有更好的获客与风控能力，可以与金融机构形成优势互补。公益性小额信贷机构与金融机构的助贷合作能够比较好地解决弱势群体融资难的问题，同时由于金融机构的融资成本较低，也就相应地降低了借款者的融资成本。四是对良好的机构可以提供支农和扶贫再贷款。

只贷不存的公益性制度主义小额信贷组织除了缺乏适宜的法律地位外，融资来源是发展的重大"瓶颈"。只要政府政策支持，可能有多种融资渠道。不过根据过往的实践经验，在实践中，商业金融机构仍不容易愿意为这类相对弱小的公益性机构提供批发融资。因此，根据国际经验，建立小额信贷批发基金是一个可行、有效的途径。小额信贷批发基金可以同时服务于商业性小额贷款机构和公益性小额贷款机构，但对这两类不同性质的零售机构应有不同的规则、条件和要求。也可以对这两类零售机构分别设立不同的批发基金。以下，我们重点讨论公益性小额信贷批发基金的建立。孟加拉国政府支持并投入种子资金设立的名为PKSF的批发基金机构又是一个可借鉴的成功模式。

公益性小额信贷批发基金由政府批准设立，管理机构可以设在政策性或商业银行内，进行专业化管理。基金资金来源于政府先期投资的基础上，吸收社会投资或由商业银行提供小比例的利息收入资金。基金设立的前期准备工作，主要包括：设计基金设立及管理方案；成立基金管理委员会，制定并设立各项管理制度；制定批发资金投资准则和具体投资条件。具体可以考虑如下安排。

批发基金管理机构与中国小额信贷联盟等机构合作，可以主要开展以下工作。第一，共同开展机构客户挑选、放款、监督与贷款回收。具体流程为：①通过招标方式初步挑选符合资格的小额信贷机构；②通过实地评估最终确定可以获得投资的机构，制定投资方案并注资，使该机构资金规模可以得到自负盈亏的水平并盈利；③跟踪评估，保证机构有效运用投资资金；④到期回收，根据需要继续提供资金，直到该机构可以获得其他规模更大且稳定的资金来源。

第二，建立行业数据信息平台，收集、汇总、分析和发布小额信贷机构社会绩效和经营绩效信息，提供给金融监管部门、投资者以及其他利益相关方参考。

第三，制定和推行行业标准，促进行业自律。与其他小额信贷行业类协会合作，根据国际经验和国内情况，制定小额信贷管理手册与行业标准，并在机构客户中推广使用。此外，与评估评级机构合作，开展机构评估和评级，通过外部监督，加强行业自律。

第四，加强批发机构自身能力建设，并为小额信贷机构提供技术支持和培训。一方面，要接受外部技术和资金支持，加强机构自身能力建设；另一方面，要与其他行业协会和培训机构合作，编制小额信贷培训教材，资助培训活动，同时为小额信贷机构提供技术支持。

（4）为发展初期、符合条件的公益性小额信贷组织提供适量启动经费和技术支持，以帮助它们顺利度过初创期和提高经营管理水平。

（5）税收政策支持。对于公益小贷组织贷款应与金融机构一视同仁，享受政府已出台的免征增值税政策。而且，由于公益小贷组织发放的均为小额度贷款，成本高、收入少，因此，建议对其发放10万元以下的农户小额贷款利息收入，所得税按30%计征；发放5万元以下的农户小额贷款利息收入，所得税按15%计征，在西部农村地区的，可考虑免征。

2. 对公益小额信贷组织

（1）不忘初心、坚守定位，坚持为城乡弱势和贫困群体提供服务。坚持逐利与弘义的平衡、"道"与"术"的统一，在有效服务目标群体的基础上，实行机构自身的保本微利和可持续发展。

（2）完善治理结构，苦练内功，提高业务素质和金融科技水平，与其他金融机构差异化定位和发展，发挥优势和错位竞争，健全运营流程、防控风险和激励约束的制度与机制。

（3）加强公益小额信贷组织之间、公益小贷组织与其他类型金融机构及行业协会类组织之间的交流与合作，交流信息和分享经验教训，创新产品和服务方式。

3. 公益小额信贷组织可能的转型发展方向

公益小额信贷组织可能的发展方向大体可以分为：①继续公益性社会组织（NGO）的身份，但应成为一个精、特、优的强身健体的机构；②转型为小额贷款公司；③转变为村镇银行；④与商业银行合作开展小额信贷业务；⑤成为控股跨县域的小额贷款机构；⑥转变为资金互助社；⑦具备一定基础的，可以考虑在我国中西部农村欠发达和贫困地区设立为像孟加拉国"乡村银行/格莱珉银行"那样的专门为中低收入和贫困农户服务的"穷人银行—脱贫致富银行"等。说到底，一方面需要机构自身素质的不断提升，另一方面需要政府政策法规的调整和支持。

不管机构如何转型升级，都应该坚持公益性（社会性）和（或）社会企业的方向。之所以如此，是因为我国不缺商业性金融机构，缺的是公益性制度主义小额信贷组织。如果将现在所有公益性小额信贷组织的年贷款规模加总约为百亿或千亿元，只相当于一个中小型商业性金融机构的贷款规模。但这些公益性小额信贷组织对贫困地区中低收入和贫困群体的贷款服务可以达到有效客户约百万人/户（以平均 1 万—10 万元/人计），起到了十分有益的补充支持作用。而商业性机构基本不愿去贫困县发展，即使商业性机构到了那里，也不会主动服务当地中低收入和贫困群体。公益性小额信贷组织在这方面有特殊的优势和作用。

九 中国非营利性小额信贷机构的典型案例分析

(一) 汉中市西乡县妇女发展协会案例分析[①]

西乡县位于汉中市东部,地当川陕要冲,面积3240平方千米,丘陵占93.2%,平川占6.8%。西乡县属国家级贫困县,下辖15个乡镇,169个行政村,36个社区。截至2018年年末,全县总人口数为41.5万人,其中,农村人口占比达80%以上,女性占比47.34%。全县经济发展水平相对滞后,截至2018年年末,县域内农村居民人均可支配收入9986元,远低于全国农村居民人均可支配收入13432元。[②]

[①] 孙同全、谭红发表的《汉中市西乡县妇女发展协会调研报告》一文,分析了该协会自2005年成立至2013年的情况。本文拟叙述和分析协会2014—2018年的运营状况。

[②] 资料来源:笔者根据《中国统计年鉴》《陕西省统计年鉴》及《西乡县2018年国民经济和社会发展统计公报》整理所得。

1. 成立背景与发展历程

囿于交通、信息、资源等因素的制约，全县经济发展相对滞后。其中，农村的贫困妇女生活质量较差：一是80%以上的农村贫困妇女经济上完全依赖于丈夫，在家没有决策权和自主权，家庭和经济地位很低；二是农村妇女想发展却缺乏启动资金，在金融部门贷款很难；三是农村妇女在社会公共事务的决策中参与率依然较低；四是妇女接受再教育的机会少，束缚了她们的思想和才能的发挥；五是农村文化精神生活匮乏，妇女的兴趣、爱好、特长没有施展的舞台。在此背景下，西乡县妇女发展协会应运而生。

西乡县妇女发展协会（以下简称"协会"）于2005年10月8日在县民政局依法登记注册，成为陕西省南部唯一一家专门为受到正规金融排斥的城乡贫困妇女开展小额信贷综合扶贫服务的公益机构。协会成立十四年来，共经历了三个发展时期：第一个时期为协会的探索期（协会成立至2007年年底），该时期协会初创，收支不平衡，管理模式与经营模式处于探索阶段，信贷流程不规范且缺乏合理的风控手段，有效客户数量较少；第二阶段为协会的发展期（2008年年初至2013年年底），该时期协会财务收支平衡且略有盈余，团队管理模式不断完善，风控手段不断增强，经营业务日趋多样化，信贷流程日益规范，积累了一大批具有信贷需求的妇女客户；第三阶段为协会的转型期（2014年年初至今），该时期协会内部治理结构不断完善，外部信贷需求日益增加，为明晰法律地位，拓宽融资渠道，扩大信贷业务，协会正在向转型为小额信贷公司做出努力。

2. 法律性质与治理结构

协会是非营利性的公益社团机构,是具有独立承担民事责任能力的法人机构。按照章程,自主经营,自负盈亏,自我发展,在理事会的领导下,实行秘书长负责制。

协会最高权力机构为会员代表大会,决策机构为理事会,操作机构为秘书处,暂时没有设立监事会(见图33)。

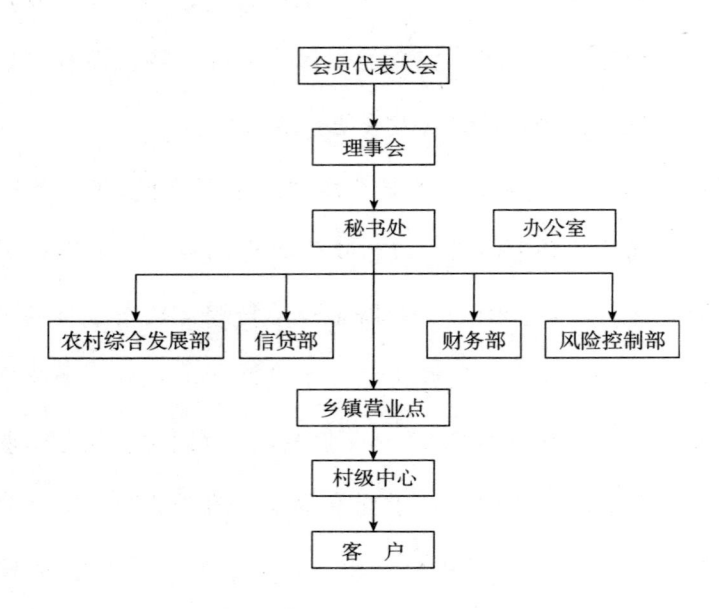

图33 汉中市西乡县妇女发展协会治理结构

理事会由出资方、地方政府部门、金融机构和其他相关方代表组成。理事会每年召开两次会议,主要研究决定本会的战略规划以及发展运营中的重大问题。

秘书处负责本会的日常经营管理。内设五个职能部门,即四部一室：信贷部、财务部、风控部、农村综合发展部、办公室。下设八个营业点，目前，协会共有员工40人，其中信贷员31人。汉中市西乡县妇女发展协会治理结构如图33所示。

3. 资金来源

自2013—2019年4月，协会资金来源主要包括政策性银行、商业性银行、各基金会、普融公司及员工合伙投资等。其中，协会与宜信公司保持长期合作关系，极大地提高了协会的融资能力，具体资金来源见表21。

表21　　　　　　　　　　协会资金来源

类别	融资来源机构	融入资金年份（年）	金额（万元）	融资期限	年度利率	担保方式
借入资金	宜信公司	2009	650	长期	3%	信用
	国家开发银行	2013	500	三年期	5.25%	担保
	西乡县老年学学会	2013	30	二年期	5%	信用
	新湖育基金会	2013	300	长期	5%	信用
	陕西妇女儿童发展基金会	2013—2019	225	长期	5%—7%	信用
	陕西妇女协会	2017	300	三年期	7%	信用
	北京施永青基金会	2016	300	三年期	6%—8%	信用
	农业银行	2015	10	一年期	6%	信用
	北京友成普融公司	2013	30	三年期	4.15%	信用
	友成企业家扶贫基金会	2009	60	一年期		信用
	招商局慈善基金会	2011	100	一年期		信用
	员工合伙投资	2009	380	长期		
捐赠资金	帝亚吉欧酒业集团	2013	50			
留存资金		2006	687			
合计			3622			

4. 信贷用途与产品

协会发放贷款主要用于农村妇女发展种植养殖业、茶叶加工业以及提供妇女创业经商启动资金等。根据以上用途，协会开发了两种信贷产品，即农村创业贷款、集镇创业贷款；另外还有教育贷款和应急贷款，教育贷款用于支付学杂费用，应急贷款用于婚丧嫁娶、看病、意外伤亡等。为防控信贷风险，同时为更多的妇女群众提供金融服务，协会规定每笔贷款额度均不能超过5万元，贷款期限不超过一年。

贷款利率由协会根据中国人民银行规定的基准利率，并参照当地金融机构同期贷款利率制定，以覆盖成本和风险为基本原则。根据城镇与农村的贷款差异，利率也有所不同，最低年利率12.72%，最高年利率18.96%（见图34）。目前，协会所有的贷款产品主要以个人信用担保。

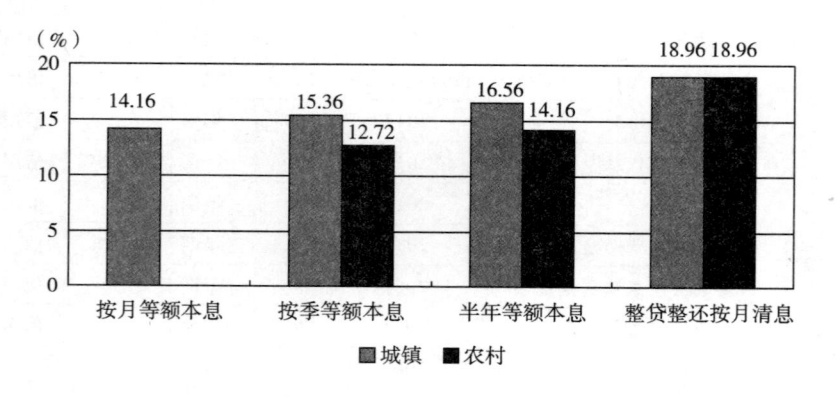

图34 协会信贷产品利率

5. 客户类别与特点

从贷款对象来看，协会客户主要包括农村60岁以下已婚贫困妇女，其中进城务工、下岗、失业、失地妇女优先服务。同时，客户也包括复原军人、大学生与残疾男性。90%的客户只有协会的贷款，5%的客户还有其他来源的借款，但是没有民间借贷，协会的信贷员在入户调查时，如果发现客户有民间借贷，就不会给他贷款。

客户贷款用于发展种养殖业占比达80%以上，约20%的贷款用于经商、教育与应急（见表22）。需要说明的是，2015—2016年，有效客户数量出现了大幅度下降（见图35），这是因为协会更改担保方式造成的。2016年前，协会借鉴孟加拉国五户联保方式，这在一定程度上增强了贫困妇女的担保能力，但在以血缘地缘关系为纽带的农村地区极易出现"垒大户"的现象。信息不对称加大了协会的信贷风险，因此，2016年后，协会主要选择个人信用担保方式，这是造成有效客户数量下降的最主要原因。经过调整之后，2017年、2018年有效客户数量已经开始稳步上升。

表22　　客户数量与类别

年份	客户数（户）	种植	占比（%）	养殖	占比（%）	经商	占比（%）	教育	占比（%）	应急	占比（%）
2013	1811	750	41.41	800	44.17	171	9.44	8	0.44	82	4.53
2014	1651	694	42.04	727	44.03	148	8.96	12	0.73	70	4.24
2015	1699	687	40.44	735	43.26	157	9.24	15	0.88	105	6.18
2016	1218	465	38.18	508	41.71	188	15.44	12	0.99	45	3.69
2017	1236	458	37.06	521	42.15	196	15.86	16	1.29	45	3.64
2018	1342	507	37.78	544	40.54	225	16.77	6	0.45	60	4.47

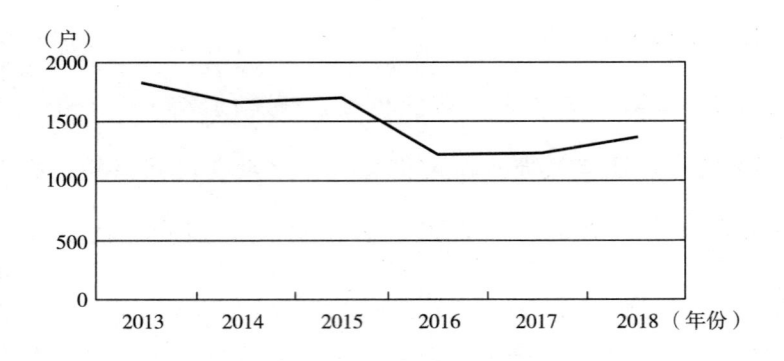

图35 2013—2018年协会的有效客户数

6. 贷款程序与风险控制

合理有序的贷款流程与审慎有效的风险防控是协会开展信贷业务的核心环节。

协会小额信贷采取的贷款流程为：宣传—申请—入户调查—选择客户—培训—审批贷款—发放贷款—贷后检查—回收贷款本息—贷款结束。信贷员应正确识别目标客户，全面掌握贷款客户和担保人的准确信息，把贷款监控贯穿于贷款业务的始终，使信贷风险降到最低点。

规范的信贷流程是协会风险控制的最主要组成部分，除在放贷前信贷员和区域经理要入户评估家庭现金流外，协会还为客户量身定做还款方式，以满足客户的异质性需求。同时，信贷员每隔一个月会回访客户一次，协会不定期为客户提供各种技术培训、金融知识培训。除此之外，协会有完善的制度作为风险控制的保障：

第一，协会贷款实行分级负责制。信贷审批人员和信贷员在职权范围内对贷款的发放和收回负完全责任，贷款管理坚持谁放、谁收、谁承担责任的包放包收包赔的责任管理办法，经办人员负直接责任，调查人员负间接责任，审批人员负决策责任。

第二，协会实行信贷人员离职审计制度。贷款管理负责人和信贷人员在调离岗位时，对其在任职期间贷款管理和贷款风险情况进行稽核，做出信贷管理工作的评价和贷款质量认定，分清责任。

第三，协会要求信贷员无现金操作。即放款用网银，还款用POS机，微信和支付宝。

第四，协会设立员工小额信贷保险基金，贷款发生拖欠时先由此基金进行赔付，将信贷损失降到最低。

第五，协会按规定提取贷款损失准备金。提取风险贷款损失准备金的标准为：风险账龄在0—30天的按风险贷款额的10%提取；31—60天的按25%提取；61—90天的按50%提取；90—120天按75%提取；大于120天按100%提取。

第六，建设信息化管理系统。所有信息资料由信贷主管进行审核后交会计，会计将收到的资料信息及时记入客户分户台账。系统管理员及时将收到的日报信息、贷款报告信息录入业务管理信息系统，会计及时进行校对和分析，并将发现的问题及重要信息向秘书长报告，对信贷员应完成的计划与贷款报告核对误差情况并及时反馈给各信贷员。信贷资料由出纳制作成册并保管。

7. 内部管理

协会根据近年来的发展经验制定了一系列规章制度，包括防范金融风险，激励协会员工，理顺财务关系等。具体主要包括《协会管理运营制度（2013）》《员工手册》《财务制度》等。其中，核心制度为《协会管理运营制度（2013）》，该制度明确了协会的人事制度（包括招聘、奖惩、培训、晋升等）、财务制度（包括采买、核算、贷款程序等）、贷款责任与风险制度等多个方面。

协会的日常管理严格有序，对于工作人员的行为举止、着装、信贷纪律等方面都有明确的要求，违反管理规则的惩罚措施也会严格地执行。

协会的员工面向社会公开招聘，依据协会《员工手册》管理办法第九条，在公平、公正、公开和德才兼备的原则下，为全体同事提供职业晋升机会和渠道。2018年管理层人员平均月工资为4800元，信贷员平均月工资4500元，基本上与当地职工平均水平相同。收入构成是基本工资、岗位津贴、绩效工资、月度工资、下乡差旅费、满勤奖、车辆加油、会龄津贴。

激励机制：依据协会《员工手册》含有薪酬激励、福利、年终奖励等激励制度。

解聘制度：依据协会《员工手册》管理办法第四章违纪管理，对违纪行为采取口头警告、书面警告、辞退等办法。

8. 财务状况

（1）信贷发放量。自2013年来，协会贷款余额稳步上升，年平均增长率达23.58%（见图36）。以2017年为例，协会客户平均贷款额25389.72元，其中城镇平均贷款额34402元，农村25202元。单笔贷款额最高5万元，最低500元。2/3的客户贷款3万元以下；1/3的客户贷款5万元。截至2017年年底，协会有6万元贷款逾期，其中1万元逾期2年以上，5万元逾期1—2年。协会还款率一直保持在99.8%以上，自2013年起，贷款风险准备金按照贷款余额的1%计提，每半年提取一次。

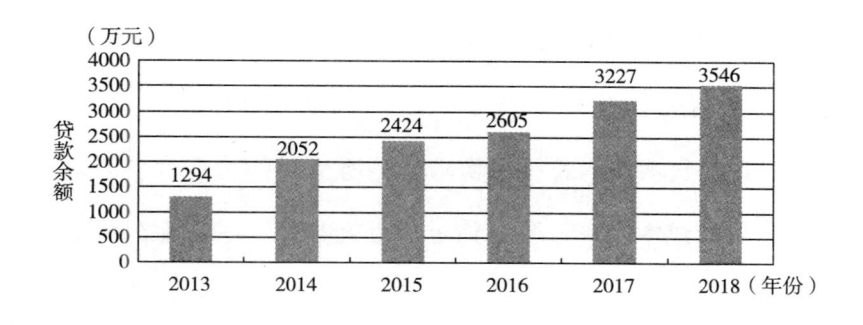

图36　协会近六年贷款余额

（2）信贷质量。本文使用风险贷款率、贷款拖欠率和贷款损失准备金率来衡量贷款的质量。风险贷款率是风险贷款额在贷款余额中所占的比率，贷款拖欠率是指贷款拖欠额在贷款余额中所占的比率，贷款损失准备金率是指贷款损失准备金额在贷款余额中所占比重。

在协会的财务报表和贷款业务报告中，协会的风险贷款额和贷款拖欠额为0，因此，风险贷款率和贷款拖欠率两项指标为0。截至2017年年底，有6万元贷款逾期，其中1万元逾期2年以上，5万元逾期1—2年。协会没有核销逾期贷款，仍在努力追缴。2018年产生了11万元的贷款拖欠，涉及64笔、7户，因金额很少，由员工的风险金先行赔付了。

（3）经营效率。本文使用平均每个信贷员管理的有效客户数、每笔贷款成本和经营费用比率来衡量经营效率。

平均每个信贷员发放的客户数是指本年度有效客户数除以信贷员人数，2018年平均每个信贷员管理的客户为43名。协会信贷员负责的客户数2014—2018年整体上呈现出递减的趋势这主要是因为协会扩大业务范围，新聘入了一批信贷员，使人均客户数量减少。

发放每笔贷款成本表示平均每一笔所支付的管理费用。协会发放每笔贷款的成本较高，且总体上呈上升趋势。一方面，信贷员平均每个月要回访客户一次，协会为客户举办大量的公益性培训等均加大了协会的贷款成本；另一方面，协会目前融资渠道较少，利率较高，加之协会内部人力成本、管理成本较高，也造成了每笔贷款成本较高。

经营费用比率是指经营费用除以平均贷款余额，反映了运营一个单位资金贷款所必须支付的费用，这项指标应在30%以下，一般15%—20%是可以接受的指标，数额越小表明管理效率越高。协会自2014年以来，经营费用比率均稳定在10%左右，说明管理效率比一般同类的机构高。

（4）可持续能力。本文使用资产回报率、贷款回报率和操作自负盈亏率来衡量可持续发展的能力。这些可持续比率反映了机构收入与支出同机构为实现这些收支所投入的资产之间的关系，实现可持续的目标意味着机构能够依靠自己的力量，能够长期为客户服务。

资产回报率为金融收入与平均总资产的比率，贷款回报率为金融收入与贷款余额的比率。两项指标均有逐渐增长的趋势,反映出协会具有良好的可持续能力。

表23　　　　　　　　　　协会财务状况

年份	操作自负盈亏率（%）	资产回报率（%）	贷款回报率（%）	经营费用（万元）	经营费用比率（%）	发放每笔贷款成本	平均每位信贷员管理的有效客户（户）
2014	119.92	3.2	15.57	203.59	9.9	1677	98
2015	150.39	7.51	21.82	243.92	10.9	2116	81
2016	121.59	3.25	19.2	296.44	11.79	2678	77
2017	128.76	4.02	17.12	311.67	9.7	2093	63
2018	134.78	4.84	18.33	348.14	10.3	2245	67

操作自负盈亏率是指金融收入与经营费用的比率,是收入弥补成本的程度,超过100%说明机构的收入已经可以覆盖成本,数额越高表明自负盈亏能力越强。协会近年来该指标整体呈上升趋势,说明发展态势良好。

(5)净利润与负债。图37描述了协会2013—2018年的净利润与负债情况。整体来看,协会净利润呈平稳上升趋势,随着客户数量的增加,负债规模也在不断扩大。需要说明的是,协会2016年净利润较2015年相比有较大幅度下跌,这是因为：第一,协会利率调整；第二,因贷款产品调整,很多客户办理整贷整还产品；第三,协会员工出现交通事故,给予补偿。

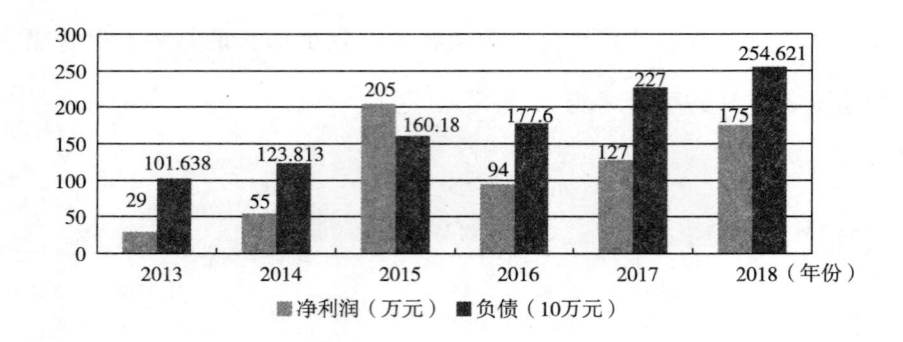

图 37　2013—2018 年协会净利润与负债

9. 社会效益

十多年来，协会累计投放信贷资金 2.8 亿元，累计服务 2.4 万名妇女。经过多年的探索，协会形成了"综合培训 + 资金支持 + 助学公益"的三加模式，根据妇女需求，不定期开展实用技术培训，进行市场信息咨询，开办关于怎样处理夫妻、婆媳和邻里关系、远离邪教、赌博、是非等内容的宣讲会，协会还组织妇女开展一些文体活动，丰富她们的生活。经过这些综合培训之后，协会给有经营项目且有发展意愿的妇女提供小额贷款服务，帮助她们提高家庭收入。协会开展助学公益性活动，给困难儿童、贫困大学生提供学费资助，帮助他们完成学业；组织经济困难家庭儿童夏令营；聘请义工开展"一对一"帮扶活动，陪伴困境儿童（事实孤儿、单亲、残疾、特困家庭儿童）健康快乐成长。

截至 2018 年年底，协会已经累计对妇女开展实用技术、市场营销、家庭和谐等综合公益培训 900 多场次，有 5 万多人受益；组织妇女外出参观学习 12 次 390 人；救助妇女、捐物品 73 次 2 万多件；

累计资助儿童1000人次180万元；开展了5期贫困儿童夏令营活动。

自2016年以来，协会在9个乡镇94个行政村开展农户需求入户调查，截至目前已经完成了6.6万户的信息调查，并且已经在94个行政村举办需求回应技术培训110余场次，使7000余人受益。

每年11月，协会都会组织30余名有发展愿望的贫困妇女骨干赴杨凌农高会参观学习。13年来，协会共组织了390余名妇女（其中包括110家建档立卡贫困户）赴杨凌农高会，开阔了她们的眼界，为妇女发展多种经营项目打下基础。

经过多年持续不断地给妇女会员进行综合培训及信贷支持，提高了协会会员的经济收入，提升了她们的素质，唤醒了她们自我发展的意识。有80%的妇女会员基本掌握了1—2门实用技术，由单一的农业生产发展为多种经营，年平均纯收入能够增长4000元左右。会员的创业带动了城乡3万多名妇女就业。另外，妇女不再外出打工，可以照顾家里的老人和儿童，给家庭生活带来益处。

结论：协会自成立以来，运行稳定，不仅实现了机构可持续发展，还取得了很好的社会效益。究其原因，主要有以下三点：一是针对社会弱势群体发放小额贷款，必须结合其他因素才能成功。协会下大力气、花费许多工夫做妇女工作，培训内容包括实用技能、人际关系处理、防范诈骗等，还经常组织文体活动调节妇女们的业余生活。在此过程中，协会可以发现适贷对象，持续跟踪会员的个人发展状况，达到触及目标客户并控制风险的目的。二是协会内部管理严格、有效。领导者事业心强，专心、用心于内部管理，领导班子紧密团结，严于律己，领导力值得称赞。从员工到管理层都不忘"服务妇女、服务三农"的初始理念。三是信贷产品设计从实际出发，符合当地妇女发展的需求，贷款额度始终坚持5万元以下，坚守风控底线，把住贷款质量关，使协会得以存续。

现阶段协会面临的困难是融资，因没有明确的法律地位，无法获得金融机构等更多的外部资金来源，现有的资金规模较小，无法满足更多的妇女发展需求。为了解决身份问题，协会正在申请转制成为小贷公司。2019年，协会计划新增2个营业点，在县域内服务乡镇数量达到11个，占70%多；继续提高内部管理水平；提升员工业务技能。开展更多的公益性活动，在转制成为小贷公司后，继续服务妇女，保持其公益性特色，不偏离普惠金融的方向。

（二）内蒙古格莱珉商都小额贷款公司案例分析

1. 商都县概况

商都县位于内蒙古自治区中部，乌兰察布市东北部，全县辖6镇4乡212个行政村，面积4353平方千米，总人口34.2万，地处内蒙古、河北、山西三省交界处，并跨入北方地区京津冀三小时经济圈，地理区位优越，交通相对便捷。商都县处于农牧交接区，矿产、风能资源丰富，主导产业为农牧业、农畜产品加工业、新兴服务业三大产业。2018年地区生产总值47.37亿元，增长1.9%；固定资产投资22.03亿元，增长27.6%；社会消费品零售总额完成37.96亿元，增长7.3%；城乡居民人均可支配收入分别为27796元和10127元，增长7.7%和9.4%，预计2019年年底全县完成脱贫任务。

商都县域金融发展水平相对有限，四大银行仅有农业银行和工商银行设有网点，其余皆为内蒙古银行、内蒙古农村信用社、包商银行等省辖商业银行所设分支网点。除格莱珉商都小贷公司与中和农信商都分支机构外县城内存续的各类民间借贷公司3—4家，借贷利率较高且没有金融许可牌照。

2. 格莱珉商都小贷公司发展变迁历程

格莱珉商都小额贷款有限责任公司是由格莱珉信托和北京农发扶贫基金会共同出资的一家中外合资企业。作为格莱珉信托在中国直接开展业务的唯一机构，商都小贷公司成立受到了中央和地方政府相关部门的高度关注。经内蒙古自治区人民政府金融办批准，2010年10月格莱珉商都小贷公司在工商局注册登记，初始注册资本500万元，后增资至536万元，于2011年11月正式营业。

格莱珉模式在商都落地后，按照传统的"五人妇女小组"操作小额贷款，但是受制于当地自然环境寒冷、目标群体分散、信贷资金来源受限等多种问题，难以实现业务规模扩张和自身可持续发展，一度出现"水土不服"的问题。但是，到2015年年底，公司的盈利已经可以抵消前四年的损失，达到盈亏平衡。截至2016年4月底，公司的注册资本536万元，总资产766万元，有效客户405名，全部是妇女，贷款余额4694000元，累计放款21185000元，还款率达99.10%，公司在减贫方面做出的贡献得到当地政府的高度肯定。

2016年5月30日，中和农信与格莱珉信托签署合作协议，格莱珉商都小额信贷公司并入中和农信小额信贷支持平台，交由中和农信商都营业部代为管理，两位孟加拉国专家回国，不再负责格莱珉商都经营管理。自此，格莱珉商都所有信贷产品、业务管理和制度流程，全部统一为中和农信模式。

3. 格莱珉商都小贷公司经营现状

（1）组织架构。在股东构成上，格莱珉信托仍旧为格莱珉商都小贷公司大股东，持股比例99%，剩余1%由北京农发扶贫基金会持有。格莱珉商都小贷公司秉承不分红的理念，所有盈利滚存为信贷资金。

在人员架构上，格莱珉商都小贷公司员工总数7人，其中管理层3人，信贷员4人。管理层皆为中和农信商都营业部兼职管理人员，信贷员3人为原格莱珉商都小贷公司员工，1人为中和农信商都营业部借调。

（2）业务进展。格莱珉商都小贷公司在由中和农信接管前，5年累计放款880笔，放款金额2400万元，回收2000余万元，贷款余额350万元，有效客户405名，存在一定逾期现象。在2016年由中和农信接管后，格莱珉商都小贷公司业务取得了较大进展，2017年、2018年及累积业务进展数据如表24所示。2017年发放贷款1076笔，放款金额约1760万元，有效客户数1038人；2018年发放贷款607笔，放款金额2309万元，有效客户数441人，无逾期或风险贷款。与2017年相比，2018年贷款笔数、有效客户数减少，但贷款金额增长，说明格莱珉商都小贷公司单笔贷款额度有所提升且重复贷款笔数有所增长。

表24　　　　　格莱珉商都小贷公司业务进展数据　　单位：笔/人/万元

年份	2017	2018	业务累积
放款笔数	1076	607	1900
放款金额	1760	2309	4309
有效客户数	1038	441	—
贷款余额	1316	1601	1601
风险贷款率	0	0	0

4. 贷款产品及其目标客户

（1）2011—2016年中和农信接管前贷款产品及客户。2011—2016年格莱珉商都小贷公司严格按照格莱珉模式放贷，只为从事种养殖及商业经营活动的贫困妇女提供贷款，需要5位妇女组成小组，无须抵押担保。贷款产品主要有两种：一种是一年期贷款，每人1万—1.5万元，从放款之日起第12周开始每月还本付息，例如贷款1万元，放款之日起第12周开始每月还1000元本金加100元利息，该种产品适用于从事服装店、服饰店、饭店、土产日杂店等日常资金流水较多的零售商业经营活动的妇女；另一种是半年期贷款，前五个月客户每月付100元利息，第五、六个月每月还5000元本金，该种产品适用于从事资金投入和回收具有明显季节性的种养殖经营活动的妇女。

表25　　　中和农信接管前格莱珉商都小贷公司贷款产品及客户

贷款产品	贷款金额	贷款期限	偿还方式	客户群体
产品一	1万—1.5万元	1年	从放款之日起第12周开始每月还本付息	从事日常资金流水较多的零售商业经营活动的妇女

续表

贷款产品	贷款金额	贷款期限	偿还方式	客户群体
产品二	1万元	半年	前五个月每月支付利息，第五、第六个月偿还本金	从事资金投入和回收具有明显季节性的种养殖经营活动的妇女

（2）2017—2018年中和农信接管后贷款产品及客户。在中和农信接管后，格莱珉商都小贷公司客户群体不再只限于贫困妇女，拓宽到任何有资金需求的种养殖农户或个体经营户，不再需要组成小组，夫妻双方皆可贷款，3万元以上需要担保人担保，贷款额度上限也提高到10万元，贷款期限均为1年。贷款产品根据本息偿还方式不同可以分为三种：第一种产品是等额本息，年利率11%，客户每月偿还同等数额的贷款（包括本金和利息），该种产品每月还款压力较大但利率较低，适用于资金周转非常灵活的个体经营者；第二种产品是月还5%，年利率15%，客户每月偿还本息和的5%，最后一个月全部还清，该种产品每月还款压力相对较小且利率适中，适用于资金周转相对灵活的个体经营者；第三种产品是先息后本，年利率18%，客户每月只偿还利息，最后一个月还清本金，该种产品每月还款压力小但利率较高，适用于资金投入和回收具有明显季节性的种养殖农户。

客户案例

1. 商都县南菜园村王大姐从事大棚蔬菜种植，共有春秋大棚和温室拱棚6个，种植香菜、芹菜、白菜、辣椒、菠菜等常见蔬菜，每年2月就开始买苗播种，端午节后到9月才是蔬菜销售期，因此前期种苗农资投入需要资金周转。王大姐曾向当地农信社贷款，但由于种植规模较小并没有得到贷款，之后通过儿子的关系在集宁村镇银行贷款3万元，年利率8%，采用三户联保的模式，但并不能满足全部资金需求。2015年开始，王大姐加入了格莱珉商都小贷公司的"五人妇女小组"，获得了信贷支持，经过长期合作，截至2019年，王大姐的贷款额度提高到5万元，由邻居进行担保，采用先息后本的偿还方式，由于王大姐是建档立卡贫困户，年利率优惠3个点，每个月只需偿还600元，最后一个月还清本金。在与格莱珉商都小贷公司合作的四年以来，王大姐不断建棚并扩大生产规模，蔬菜也形成了稳定的销路，年收入已经能达到10万元左右，年纯收入3万—5万元，预计再有两年就能实现自我可持续。

2. 商都县商海综合市场杨大姐从事棉布批发零售，自有房屋后面住人前面做生意，经营各类棉花布料，与石家庄批发商合作，每年大量进货两次，其余时间可视需求微信联系快递送货，每年进货成本10万元左右，资金压力较大。她在格莱珉商都小贷公司贷款5万元，由于旺季日均营业额1000—2000元，淡季400元左右，资金流水相对充足，所以采用月还5%的偿还方式。由于棉布店地处县城与乡村结合处的商海综合市场，地理位置优越，客源相对稳定，产品相对畅销，在格莱珉商都小贷公司信贷资金扶持下，她每年可实现纯收入6万元左右。

表26　中和农信接管后格莱珉商都小贷公司贷款产品及客户

产品	偿还方式	年利率（%）	特征	客户群体
产品一	等额本息	11	每月还款压力较大但利率较低	资金周转非常灵活的个体经营者
产品二	月还5%	15	还款压力相对较小且利率适中	资金周转相对灵活的个体经营者或农户
产品三	先息后本	18	还款压力小但利率较高	资金投入和回收具有明显季节性的种养殖农户

格莱珉商都小贷公司2011—2016年产品设计存在金额小、周期短、程序相对烦琐（需要组成小组并定期参与小组会议）等问题，而且还款方式与种养殖农户资金回收季节不匹配，因此在商都当地推行存在一定困难，业务发展较为缓慢。在由中和农信接管后，贷款产品和目标客户发生了较为明显的改变，贷款产品设计更为合理，不仅考虑到了客户资金周转能力差异，而且风险（偿还方式）和收益（年利率）更加匹配。

5. 内部管理制度

在由中和农信接管后，格莱珉商都小贷公司严格按照中和农信的标准实行统一的内部管理制度，薪酬福利制度更具激励性，员工管理更规范有效，同时接入了电子信息系统。科学规范的内部管理制度更加有利于业务拓展、风险防范和企业自身的可持续发展。

（1）薪酬福利制度更具激励性。格莱珉商都小贷公司过去实施固定薪酬标准，信贷员薪资收入与业绩量不挂钩，因此放贷积极性差，业务进展缓慢。在由中和农信接管后，除新员工在一年过渡期设有底薪2500元之外，老员工皆为绩效工资，按照每人发展客户的息差收入提成，正常情况下，信贷员的工资水平要高于当地公务员的薪酬水平。这种薪酬制度极大地提高了信贷员营销和宣传的积极性，也相应地扩大了公司知名度与业务量。

除绩效薪酬之外，中和农信为格莱珉商都小贷公司所有员工都补上了"五险一金"，完善了员工的社会保障，解决了员工的后顾之忧。而且额外为员工提供节假日补贴、年度体检费用、定期团建培训等福利，让员工更有归属感和幸福感。

（2）员工管理更规范有效。格莱珉商都小贷公司按照中和农信总部和区域办员工管理相关要求，结合当地具体情况，制定了一套规范的员工管理制度，以确保营业部工作有序开展。

员工管理制度具体包含考勤制度、业绩考核制度和行为规范制度三类。考勤制度主要有信贷员每周不低于40小时工作时间的弹性工作制、病事假审批、例会出席和集体营销宣传参与等方面的规定。业绩考核制度主要有上报下月放款资金申请计划、试用期员工最低放款任务、信贷员放款指标季度及年度考核排名等规定。行为规范制度主要包括不得参与吸毒赌博等违法行为、持证驾驶汽车且全额缴纳商业保险、每月上报客户案例和感想感悟、严格按照总部和区域办流程放款收款等内容。

（3）统一接入中和农信电子信息系统。格莱珉商都小贷公司以前没有信息化办公系统，全部为手工记账填表，因此账册表格损坏遗失情况时有发生，2011—2016年业务记录已无法清晰查询。由中和农信接管后，格莱珉商都小贷公司接入了中和农信统一的电子信息系统，申请材料提交、区域办及总部审批、审批通过后合同打印、信息统计等业务都在线上完成，电子化办公省时省力且便于留存和追溯信息。除此之外，中和农信也有专门的财会人员和电子账务系统，方便企业报账报税以及财务数据统计。

6. 社会绩效

格莱珉商都小贷公司致力于服务农村弱势群体，除提供信贷支持之外，还开展了多项社会活动，组织员工在农闲时间前往各乡镇开展金融教育，每村每年一次，规模一般为50—100人，金融教育的内容主要有防范金融风险、警惕金融诈骗以及强化信用意识等。公司也每年组织1—2次种养殖培训，邀请农牧局农业专家前来讲座。此外，"三八"节为当地妇女提供免费体检活动，重阳节为当地老人免费拍照和安排体检；高考期间免费接送考生，为学生家长提供考点休息区。格莱珉商都小贷公司在当地的信贷支持、金融培训和各项公益社会活动为企业树立了良好的社会形象，体现了企业的社会责任感和使命感。

7. 格莱珉小额信贷模式中国化的思考

从格莱珉商都小贷公司的案例来看，我们认为格莱珉小贷公司在由中和农信接管并作出本土化创新之后呈现出两个特点：

（1）信贷的目标群体由贫困妇女转变为弱势群体。基于扶贫使命，传统的格莱珉小额信贷模式针对的客户是社会中的"贫困妇女"群体。在孟加拉国和印度等地，就业市场性别歧视极大，即使是服务员和清洁工一类的工作也都是男性从事，女性只能在家照顾老人孩子，所以格莱珉将服务对象确定为妇女群体，也是在挖掘社会闲置劳动力的价值。格莱珉小贷公司最初在商都的探索也遵照这一原则仅向当地妇女放款,但是,当地妇女就业问题并不严重,而且客观上地方脱贫任务逐渐完成,绝对贫困人口越来越少,所以中和农信接手后做出了许多本土化的调整,客户群体不再限于贫困妇女。截至2018年年底,客户群体中贫困户占比不到10%,妇女占比不到35%。中和农信接管后格莱珉商都小贷公司信贷规模和客户数量都在不断增长,目标客户不再设限,已经由贫困妇女转变为无法享受正规金融服务或者金融服务不充分的社会弱势群体。这些客户使用格莱珉商都小贷公司的贷款进行创业或维持经营小本生意,信贷产品弥补了信贷市场的需求"短板",使金融服务能够惠及社会上的弱势群体,这是符合中国现实情况的选择,是中和农信践行普惠金融的价值所在。

(2)格莱珉小额信贷模式的核心要素被"中国式小额贷款"所取代。格莱珉小额信贷模式的核心要素是"妇女五人小组"和每周举行的"中心会议"。小组和周会起到了三个方面的作用,第一,担保替代。小组组员之间相互了解、支持、监督,即使在小组的每一位成员单独获得贷款的情形下,小组仍然起到了替代担保品的作用,使小额信用放款能够实现。第二,搭建社交网络,支持创业。社会弱势群体所缺乏的不仅是信贷资金,还有社交网络,小组的形式和每周的中心会议让客户们逐步地形成了互相支撑的群体。第三,信贷员利用周会给客户提供金融教育等培训,提高客户的素质。从格莱珉商都小贷公司的实践可以看出,小组和中心会议的形式已经消失,其三大功能已经被取代了。一是贷款由保证人提供担保,这是控制风险最简便、快捷、实用的方式;二是搭建支撑创业的社交网络在中国本来就不那么重要，早已由紧密关系型的基层社会形态所替代；三是客户教育演变为与营销相结合的入村宣讲会，在商都的两百多个村庄轮流举办，宣传防诈骗、如何申请贷款等，接地气的内容受到老乡们的热烈欢迎。

格莱珉模式被取代有客观和主观两个方面的原因，客观上，商都地域辽阔，客户居住分散，周会难以实现。主观上，小组的培育需要客户和信贷员双方付出较大的时间成本和耐心，短期效益不明显，导致这种模式难以顺利开展。可以说，格莱珉商都小贷公司已经完全中国化了，它从理念到实践都转变为具有中国特色的小额信贷机构了。

格莱珉商都小贷公司在由中和农信接管后，实现了公司化管理和规范化发展，但其经营发展中也存在两个主要问题。一是没有接入中国人民银行征信系统。由于格莱珉商都小贷公司属于中外合资企业，无法接入中国人民银行征信系统，客户即使发生逾期不良贷款也无法录入征信系统，这不仅给公司带来一定的风险隐患，而且在一定程度上影响到业务规模的发展和扩大。二是信贷员团队的信念感有待提高。建立一个合格的信贷员团队是公司发展壮大的关键。孟加拉国格莱珉银行在培训信贷员方面的经验值得借鉴，每年新入职的员工需经过12个月的培训，其中6个月在基层的支行工作，忍受不了艰苦工作的员工会离开，培训结束时新入职员工的淘汰率高达35%，那些"真正了解贫穷，愿意通过自己的工作改变贫穷"的员工留下来成为信贷员。这样的信贷员团队是保证一个小额信贷机构沿着正确轨道前行的关键性因素之一。

（三）中和农信接管社科院扶贫社小额信贷项目研究——中和农信课题组报告节选

现代意义的小额信贷在20世纪90年代初引入中国，最重要的标志是1993年9月中国社会科学院农村发展研究所（以下简称"社科院农发所"）借鉴孟加拉国格莱珉银行（Grameen Bank，GB）模式在河北省保定市的国家级贫困县——易县成立了"易县扶贫经济合作社"。

到90年代中后期，国内各种类型的小额信贷如雨后春笋般开始兴起，并于2000年前后几乎形成燎原之势。其中，最具代表性的既有政府主导的扶贫小额信贷项目，也有社科院农发所发起的"扶贫社"、中国扶贫基金会发起的"农户自立能力建设支持性服务社"、联合国开发计划署与商务部中国国际经济技术交流中心合作发起的"乡村发展协会"等，他们无一不是借鉴了孟加拉国格莱珉银行模式。

作为中国第一个规范借鉴格莱珉模式的小额信贷扶贫项目，社科院先后建立过6家扶贫社，分别为河北省易县（1993年9月）、河南省虞城县（1995年8月）、河南省南召县（1995年10月）、陕西省丹凤县（1996年7月）、河北省涞水县（2002年10月）、四川省金堂县（2003年8月）。

经过近20年的探索与实践，扶贫社在缓解农户信贷短缺、促进农业生产投资和农民生活水平改善方面发挥了积极作用，更成为中国小额信贷的"试验田",为中国小额信贷事业的发展提供了重要参考和借鉴。然而,由于后续发展中存在资本金不足、管理制度不健全、监管缺失等诸多问题,扶贫社的可持续发展受到了严峻挑战。

由于中国社会科学院(以下简称"社科院")和中和农信项目管理有限公司(以下简称"中和农信")双方对小额信贷理念的理解以及宗旨的一致性,社科院农发所决定与中和农信合作,将原来由其直接管理的部分"扶贫经济合作社"交由中和农信管理,发挥中和农信在经营管理、资金规模等方面的优势,促进扶贫社的可持续发展。

2013年6月20日,"涞水县扶贫经济合作社"正式变更为"涞水县农户自立服务社",这一交替意味着中和农信正式接管社科院旗下的扶贫社。此后,中和农信又接管了南召扶贫社。自改制以来,涞水、南召两家服务社经过四年多的发展,已平稳过渡,正常运转,业绩逐年上升。

本文将以涞水扶贫社、南召扶贫社为例,全面展示其发展历程,剖析接管前后在治理结构、运营等变革及成效,也深刻呈现格莱珉模式在本土化过程中存在的问题、挑战及破解之道,希望对中国公益性小额信贷事业的发展提供可供参考的意见。

1. 社科院扶贫小额信贷项目——扶贫社的成立及发展

(1)成立背景。20世纪初的扶贫工作中,一个突出的问题就是扶贫资金到户难,信贷扶贫资金大多数发放给了乡镇企业和富裕家庭,贫困农户被这些获得贷款的企业吸纳就业,间接受益。贫困瞄准率已经很低的信贷扶贫资金,还存在还贷率低、管理成本高、风险大、可持续性差等诸多问题,扶贫攻坚任务艰巨且急迫。如何让扶贫资金直接到户,并为农户创造一种"造血式"的可持续的扶贫模式,成为当时大家共同关注和思考的问题。

格莱珉银行的小额信贷模式(以下简称"GB模式")正是在这样的背景下进入了国人的视野。1993年,中国社会科学院农村发展研究所有关科研人员通过一个名为"行动—研究计划小额信贷扶贫项目"(以下简称"扶贫经济合作社项目"),以研究实验的方式,正式将GB模式引入中国,成立"易县扶贫经济合作社",成为中国最早自主设立的公益性小额信贷机构。

扶贫经济合作社项目的宗旨是通过提供信贷服务,改善贫困农户,特别是贫困妇女的经济状况和社会地位;努力增强扶贫社的能力,实现规模经营,实现扶贫社盈亏平衡,使机构发展可持续;以有效的方法提供适宜的产品和服务,为中国的小额信贷提供可借鉴的经验。

(2)发展历程。1993年8月,中国社会科学院农村发展研究所的课题组开始在河北省易县进行试点试验。易县位于河北省中部,是当时的国家级贫困县之一。1993年10月,经由易县扶贫办在当地民政局申请注册,易县扶贫经济合作社以社团组织的身份正式成立,也标志着格莱珉模式在中国的首次正式落地。

1994年,易县扶贫社正式开展工作,当年发放贷款182900元。这段时期扶贫社的主要工作是向农户宣传新的借贷机制、小组担保制理念等,不同于传统的政府救济金,这笔贷款需要定期归还。这一时期扶贫社取得了可喜的成绩，发放贷款额不断提高，还款率也一直保持较高水平。

到1995年11月，河北易县扶贫社、河南虞城扶贫社、南召扶贫社相继建立起来，使项目快速且有效率地运作起来，贷款有效稳妥地到达农户手中，同时保证了较高的还贷率。到1997年年底，扶贫社如期完成了1994年项目初期的目标。三个县级社都发展了1500个以上客户，且均实现了盈亏平衡。扶贫社的试验证明了格莱珉小额信贷模式适合中国的国情，小额信贷可以解决农户贷款难、贷款贵的问题。

根据中国的有关法律法规，未经中国人民银行批准，任何单位和个人不得从事金融业务，合法性成为困扰扶贫社发展的障碍。为解决扶贫社的合法性，1999年，扶贫社课题组通过中国社会科学院向国务院办公厅、中国人民银行和国务院扶贫办呈报关于建立中国社科院小额信贷扶贫科研实验基地的请示，得到批准。2004年12月，扶贫社总部在北京市民政局注册了北京市农发扶贫基金会，扶贫社有了正式合法地位。但是，根据我国现行《贷款通则》及《金融许可证管理办法》中的有关规定，扶贫社不属于由我国政府认定的金融机构范围之列，无权向银监会申请金融许可证。

机构设置及分工的演变。扶贫社小额信贷项目采用民间机构的形式运作。1998年，扶贫社北京总部成立，聘请了专职工作人员，改变了以前社科院农发所的研究人员兼职管理总部业务的情况。到2008年年底，扶贫社共有专职工作人员92名，绝大多数是在当地公开招聘的。扶贫社理事会及北京总部，行政上隶属于社科院农村发展研究所，实行理事长负责下的理事会制度。理事会负责扶贫社发展、方向方针及章程决策的制定；负责对总部负责人及县社主任的任命；负责外事活动及筹资。北京总部负责扶贫社项目的设计、内部管理和控制、培训监督等各项具体业务工作。县级扶贫社设县社和分社两级，全部是专职人员，由县社主任领导负责本县的工作。在业务上接受总部的领导和监督。

在小额信贷模式探索初步成功后，可持续发展成为重点关注的问题，机构建设成为新的实验目标。1999年，扶贫社做了扩展规划，为尽快实现建立34个分社并实现盈亏平衡的新目标，对员工的管理、培训、考核等队伍建设成为这一阶段的重点工作，北京总部编写了《工作手册》，统一了各项管理要求。

到2008年，扶贫经济合作社先后建立了6个县级小额信贷试验点。分别为河北省易县（1993年9月）、河南省虞城县（1995年8月）、河南省南召县（1995年10月）、陕西省丹凤县（1996年7月）、河北省涞水县（2002年10月）、四川省金堂县（2003年8月）。除陕西省丹凤县由于得到政府上千万元贴息贷款，项目运作两年后转交当地政府管理（再后来停止了运营）外，其余5个社到2008年10月，已经累计发放贷款2.5亿元，5.9万农户获得过贷款支持，覆盖贫困人口约23万人。

2. 扶贫社的重要贡献

扶贫社是首次将小额信贷扶贫理论在中国付诸行动的伟大实践，面对中国广大的农村地区和复杂的农村环境，虽然发展过程中不乏挫折和曲折，但不可否认的是，扶贫社对中国小额信贷扶贫事业的发展做出了突出贡献。①

一是证明了国际通行的小额信贷能够适应中国国情。

扶贫社首次将小额信贷扶贫的理论付诸行动，探索出适合中国发展的小额信贷扶贫之路，证明孟加拉国的格莱珉模式能够适应中国的"土壤"，吸引了众多驻华援助机构及人士在中国进行试验和投资的热情。

二是解决了扶贫资金到户难和贫困农户还款难的问题。

扶贫社通过小组借贷保证了小额贷款快速、直接发放到农户手中，切实解决农民资金短缺的急迫需求，又通过分期还款、中心会议制度、小组基金和储蓄制度、分期还款等措施解决了农民还款难的问题。扶贫社秉承了格莱珉模式向妇女放贷的特点，间接提高了中国农村妇女在家庭中的相对弱势地位。

三是初步形成了一套适应中国国情的小额信贷管理制度。

扶贫社初步形成了一套适应中国国情的小额信贷管理制度，如小组联保的贷款组织方法；小组基金、2—2—1 放款制度、成员中心会、每周存款等操作方法，这些都为后起的小额信贷项目的发展提供了可供借鉴的经验。据不完全统计，云南、四川、西藏、陕西等小额信贷集聚区的有关组织均访问过扶贫社学习取经；农村信用社等金融机构和小额信贷公司的贷款制度中直接借鉴了扶贫社小额信贷的一些技术和方法。

---

① 吴国宝：《扶贫模式研究——中国小额信贷扶贫研究》，中国经济出版社 2001 年版，第 167 页。

四是为促进金融市场改革和小额信贷市场发育发挥了积极作用。

扶贫社作为中国小额信贷发展的一面旗帜，对中国小额信贷发展具有重要意义。扶贫社的经验通过各级领导的关怀和媒体的宣传，在推动中国小额信贷事业的发展中发挥了积极作用。1998年10月，在中共中央做出的《关于农业和农村若干重大问题的决定》中明确要求，要"总结推广小额信贷扶贫资金到户的有效做法"。1999年6月，中央扶贫开发工作会议进一步指出："小额信贷是一种有效的扶贫到户形式，要在总结经验、规范运作的基础上，积极稳妥推进。农业银行、农村信用社和有关部门要密切配合，切实抓好这项工作。"另外，扶贫社培训和造就了大批小额信贷的实践工作者，对小额信贷项目在全国范围的推广创造了良好的环境和坚实的基础。

3. 影响扶贫社发展的主要问题

扶贫社在发展过程中取得了值得肯定的成绩，但也遇到了很多问题。这些问题既有内部自身管理的问题，也有外部政策环境及公众认知问题。这些问题不仅是阻碍扶贫社发展的问题，也是阻碍当时中国公益性小额信贷机构发展的普遍问题。

一是法律地位缺失。二是资本金短缺。三是治理结构不清晰。四是风险控制体系不健全。五是专业人才不足。由于以上问题的长期存在，扶贫社的可持续健康发展受到了严重挑战，呈现出后继乏力的现象。

4. 中和农信项目管理有限公司接管扶贫社两家分社

（1）脱胎于公益小额信贷项目的中和农信。中和农信项目管理有限公司是一家专注于填补中国农村金融领域空白的小微金融服务机构，前身是中国扶贫基金会小额信贷项目部，于2008年转制为公司化运作。

中和农信的小额信贷业务起源于1996年。这一年，世界银行贷款秦巴山区扶贫项目启动，其中包括由中国西部人力资源开发中心在四川阆中市和陕西安康市实施的小额信贷试点项目。该项目计划通过小额信贷支持当地农户自我就业，增加现金收入，提高综合素质，增加脱贫致富的能力。2000年，中国扶贫基金会全面接管了小额信贷项目，并组建小额信贷项目部。2001年，国务院扶贫办下发文件（国开办函〔2001〕25号）同意中国扶贫基金会作为小额信贷扶贫试点单位，标志着中国扶贫基金会小额信贷扶贫试点正式获得国家认可。2005年，中国扶贫基金会做出了小额信贷由项目型向机构型转变的战略部署，在国内率先建立直属分支机构开展信贷业务。2008年11月18日，中国扶贫基金会将小额信贷项目部转制成为中和农信项目管理有限公司。

转制后的中和农信始终遵循着商业可持续与社会价值并重的双重底线管理原则，始终坚持以"打通农村金融最后一百米"为使命；以"山水间的百姓银行"为愿景；秉承"诚信守正、公开透明、平等互利、坚守创新"的价值观；以"劳而不怨，惠而不费"为宗旨，"劳而不怨"，旨在激发客户的劳动热情和创新活力，使客户获得能力提升的同时，得到社会的认可和尊重；"惠而不费"则是体现了中和农信在帮助客户提升综合发展能力的同时，追求企业社会价值的实现，助力农村金融服务领域持续发展。脱胎于中国扶贫基金会小额信贷项目的中和农信，一直流淌着"支农扶小"的血液，这是中和农信与社科院合作的重要基础。

（2）中和农信接管南召、涞水扶贫社。为了使扶贫社能够实现持续发展，也为了能让更多的贫困农户受惠于小额信贷，基于中国社会科学院与中和农信双方对与小额信贷理念以及宗旨的一致性，社科院农发所决定与中和农信合作，将已经成立的扶贫社并入中和农信，发挥中和农信在经营管理、资金规模、员工能力建设等方面的优势，促进扶贫社的可持续发展。

按照中国社会科学院最初的想法，希望将当时仍然由其直接管理运行的四个扶贫经济合作社都交由中和农信接管，但最终只有南召和涞水两个扶贫社成功实现接管。经过多方沟通协商，2013年，"南召县扶贫经济合作社"正式变更为"南召县农户自立服务社"，"涞水县扶贫经济合作社"正式变更为"涞水县农户自立服务社"，这一交替，意味着中和农信正式开始接管中国社会科学院旗下的扶贫社。

中和农信接管两家扶贫社以后，利用公司已经成熟的管理、技术，对其进行了本土化升级改造。公司总部不断对南召、涞水两个分支加强管理与引导，改变其路径依赖的惯性，促使其采用专业化、商业化的企业运营方式，最终使中和农信的各项管理制度融入南召、涞水分支的运营当中。从接管到成功转型、稳定发展，涞水和南召两个机构以及员工也经历了痛苦、磨合、适应、发展的过程。经过公司和两个分支机构全体员工的共同努力，两个机构已经完全融入新的体系。而少部分不能适应转型的员工，也在这个过程中逐渐离开了这支队伍。

5. 改制前后两个县分支机构发展变化

2013年，中和农信正式开始接管社科院旗下南召县扶贫社和涞水县扶贫社，经过近几年的发展，南召扶贫社和涞水扶贫社已经逐渐融入中和农信的管理体系。与改制前相比，南召分支和涞水分支的服务能力全面提升，服务深度、广度和效率方面有了明显改善。

（1）服务广度和深度。第一，服务覆盖面。南召扶贫社和涞水扶贫社在开设初期覆盖面扩大较为迅速，之后慢慢进入停滞阶段。南召县共有16个乡镇，338个行政村。2012年前，小额信贷业务共覆盖了142个行政村，改制后的几年间，行政村的覆盖率达到了258个，占全县行政村的76%，贫困村覆盖率也超过50%。涞水县不仅乡镇覆盖率从2012年的9个增加到15个，行政村的覆盖面也从131个大幅度增加到217个，占全县行政村的75%，平均每年涨幅10.9%。可以说，从覆盖的广度上上了一个大台阶。

另一组数据进一步说明了两个分支机构在融入中和农信后服务深度的提升。南召和涞水两个县的扶贫社在转型之前覆盖的农户数量已经达到了一个较好水平，分别是2633户和2105户。到了2018年年底，有效客户数分别为2119户和2655户。尽管中间出现了一些波动，但是逐渐趋于稳定并不断增加。

表27　　　　　　　南召县和涞水县服务覆盖范围变化

		单位	2012年	2013年	2014年	2015年	2016年	2017年	2018年
南召县	覆盖乡镇	个	16	16	16	16	16	16	16
	覆盖行政村	个	142	143	186	171	214	338	258
	有效客户	户	2633	2221	2914	2402	2894	2324	2119
涞水县	覆盖乡镇	个	9	10	15	15	17	15	15
	覆盖行政村	个	131	85	163	174	257	284	217
	有效客户	户	2105	1432	2353	3177	4317	3203	2655

注：由于移民搬迁和推进城镇化，部分原行政村村民已经搬离原村庄，导致2018年覆盖村减少。

第二，信贷业务增长。作为衡量机构经营情况的重要指标，放款量和放款笔数反映了机构服务深度。

南召是扶贫社和涞水扶贫社作为两个从事农村小额信贷起步比较早的机构，资金不足在转型前已经成为制约机构发展和提供更好服务的关键因素。由于外部捐赠资金有限，他们不得不采取各种办法，从其他小贷公司融资、内部员工集资、吸收社会爱心人士捐赠等。据介绍，在转制前，南召和涞水两个扶贫社的年度可用总资金均保持在500万—600万元。这些筹资方式一方面仍然不能满足贷款需求，使机构无法扩大服务范围；另一方面也存在较大的风险，包括国家监管风险。

并入中和农信之后，公司在更大范围筹措和调集资金，更好地满足了客户的贷款需求。两个机构在保证贷款质量的前提下，放款笔数、放款量和新增客户都有不同程度的增长。

从现有的数据来看，南召县扶贫社每年放款笔数有一些变化，改制前逐步下降，改制后在经历了一个增长后又出现了下降。这一次下降是由于贷款产品变化带来的。从 2017 年开始，贷款产品由小组贷款为主转为个贷为主，所以出现了贷款笔数下降。但是放贷金额显著增加，2018 年贷款发放额是改制前 2012 年的 2.77 倍，每年平均增幅 29.5%。

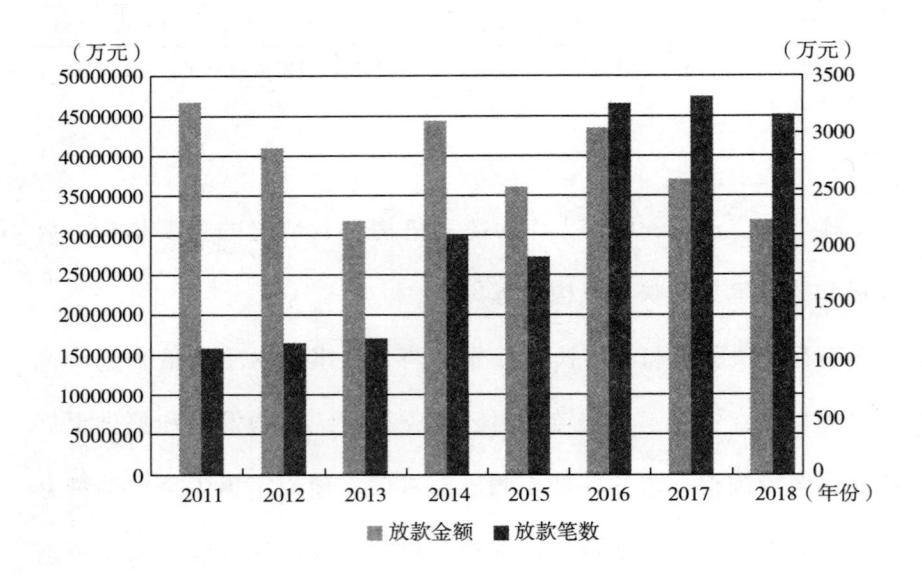

图 38　2011—2018 年南召县放款笔数和放款金额

涞水扶贫社自成立以来，放款金额和放款笔数呈现稳步上升的趋势，但是改制前增速比较缓慢，改制后增速明显加快。虽然由于贷款产品的变化使贷款笔数近两年下降，但是由于突破了资本金限制等因素，放款金额大幅度提高，从 2012 年的 1581 万元提高到 2018 年的 6990 万元，每年平均增幅 57%。

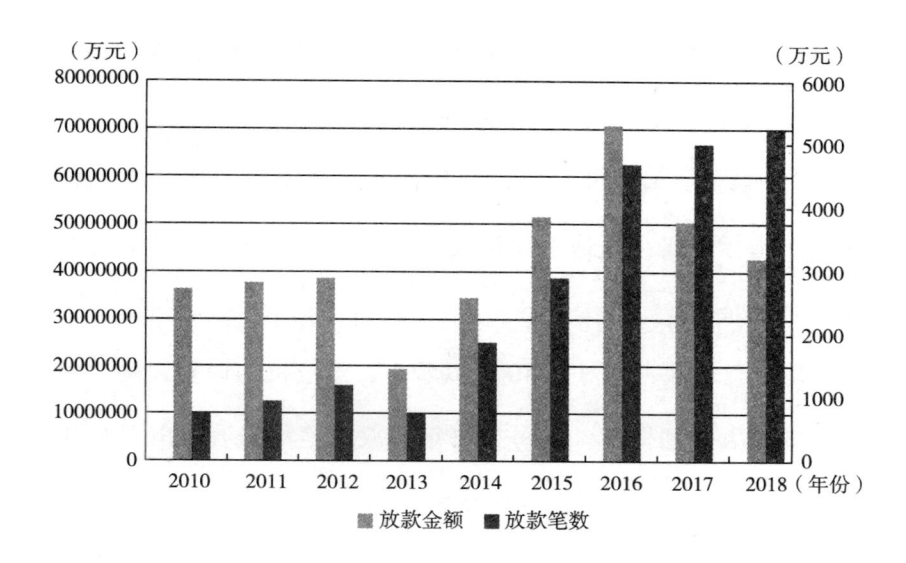

图 39　2010—2018 年涞水放款笔数和放款金额

（2）服务效率。我们从几个方面了解南召和涞水两个机构在转制前后效率的变化。

第一，机构人员构成。在 2012 年之前，除了北京总部外，扶贫社的县级以下机构分成二级，即县扶贫社和分社，信贷员由分社直接管理。在改制后，中和农信对机构人员构成和配置均进行了规范化管理。人员数量的变化和机构的调整侧面反映了机构效率的提高。

转制前的 2012 年，南召扶贫社共有员工 23 名，其中管理人员 8 人，业务一线的信贷员 15 人；2018 年在业务规模翻番的情况下，员工总数为 19 人，其中管理人员下降为 4 人。

相比南召县，改制前涞水县扶贫社由于发展规模相对较小，人员较少。2012 年共有员工 13 人，其中业务一线人员只有 7 人。改制后，而随着业务规模的迅速扩大，信贷员逐步增加，到2018年增加到了18人，而管理人员下降到了5人。

第二，人均工作效率变化。一般而言，员工的工作效率可以用以下两个指标考察：一是平均每人每年的放款笔数；二是平均每人每年的贷款余额。

人均放款笔数：通过图40可以看出，经过机构调整，两县的人均工作效率大幅度提高。从每人每年的放款笔数来看，南召县和涞水县扶贫社在2013年改制时都达到了历史的最低点，南召扶贫社是195笔，涞水扶贫社是207笔。改制后，两个机构的每人年放款笔数都明显提高，分别在2015年和2016年达到高峰。随着贷款产品由小组贷款转向个人贷款，贷款笔数也随之又一次下降。

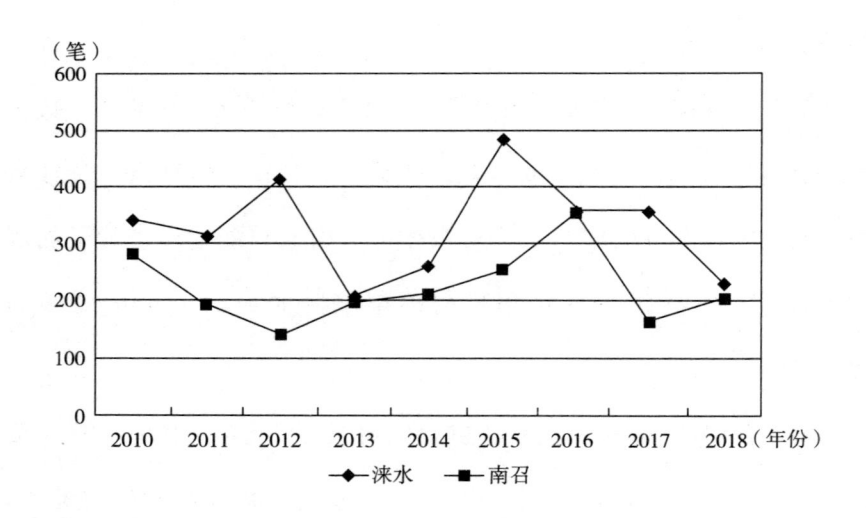

图40 2010—2018年两县平均每名员工每年的放款笔数

人年均放款额：从图41可知，2010—2013年，南召扶贫社和涞水扶贫社都处于较低的水平。2013年改制后,两县机构均呈现上升趋势,并在随后几年保持持续的增长态势。南召县平均每人每年的放款额比2013年增长8%;涞水县增长49.7%。

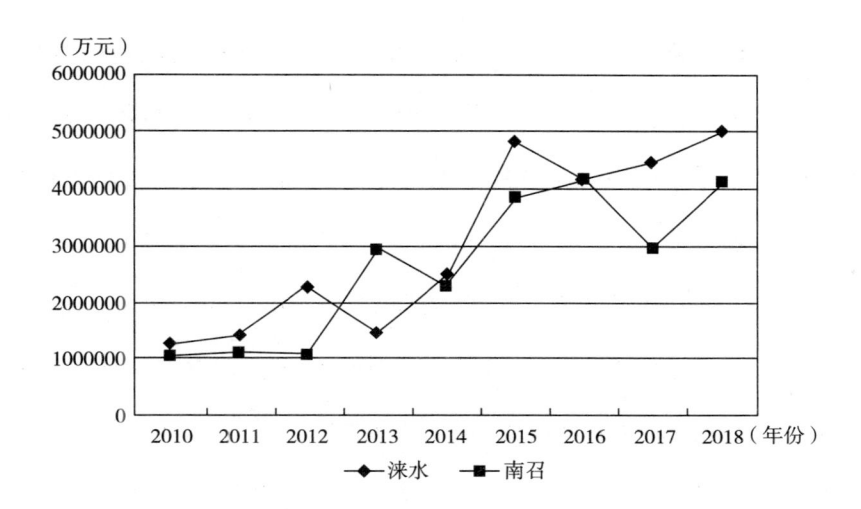

图41　2010—2018年平均每名员工每年的贷款余额

第三,风险贷款率。改制前几年,南召县的风险贷款率已经呈现比较高的态势,涞水县保持了一个平稳状态。改制后,在覆盖范围、业务规模大幅度提高的同时,两个机构的风险一直处于比较低的水平,2018年也大大低于全公司1.04%的平均水平。

表28　涞水、南召每年末(12月31日)的">30天风险贷款率"

	2011年	2012年	2013年	2014年	2015年	2016年	2017年	2018年
南召	-6.01%	-5.66%	—	0.30%	0.37%	0.16%	0.16%	0.6%
涞水	-0.21%	0.35%	—	0.22%	0.00%	0.12%	0.20%	0.78%

综上几个指标可知，在改制后两个服务社员工的工作效率大幅提升，这与改制后接受中和农信专业化、标准化的管理方式不可分割。

（3）员工能力与福利。作为一家从事农村金融服务的专业化机构，中和农信建立了一整套完善的人力资源管理制度，包括聘用、培训、激励机制。两个分支机构转型到中和农信后，原机构的员工多多少少经历了一段适应过程，但是中和农信员工管理的优势很快体现了出来。

第一，能力建设贯穿了员工入职后职业发展的全过程。杜爽、梁郑冈、司三等南召县分支的老员工对此都深有体会。在座谈时他们说，"刚刚转制时非常担心，我们过去都是手工记账，但公司业务操作都是用电脑，很怕学不会被淘汰。经过各种培训学习，现在我们不仅可以用电脑。还学习了手机操作系统，学习了新的小组贷款、个人贷款等放款业务，还有营销技能、客户维护方法等"。

为了方便员工工作和学习，公司为每个员工配置了一台电脑。在转制初期，公司为两个分支机构员工提供了大量培训，包括请总部和其他优秀分支机构到南召和涞水去培训，组织了多次外出考察和学习，表现优秀的员工还有出国考察的机会。定期和不定期地学习、培训、交流活动对员工影响很大，帮助他们开阔了视野，提高了专业素养。

经过不断学习，南召分支的老员工中，已经有4人通过考试获得了中级信贷员资格；涞水分支的老员工中7人通过了中级信贷员考试，张建华通过考试已经成为公司内训师。

第二，激励机制有效提升员工薪酬。在扶贫社期间，员工工资由基本工资、工龄工资、效益工资等组成，但基本工资占比较高。年终奖从净利润中提取。扶贫社还为员工办理养老保险和人身伤害保险。经过几年发展后，薪酬制度中吃"大锅饭"的弊端开始显现。业绩好的员工和业绩一般的员工收入相差无几，不利于调动优秀员工的积极性，对工作一般的员工也没有形成约束机制和压力。

改制后，员工的工资与绩效、有效客户数、客户违约率挂钩等，在促使信贷员开拓业务的同时也减少只追求业绩而忽略风险导致的违约问题。另外，改制后的工资基础提高了不少，2012年信贷员平均工资是1000—3000元，现在可以达到4000—5000元，业绩好的员工可以达到每月7000—8000元，在调研过程中，信贷员对工资水平普遍比较满意。

此外，公司按照国家劳动法规定，对员工实施保护，包括足额缴纳"五险一金"，对女员工孕期、产期、哺乳期的保护。对转岗职工，考虑到他们对新岗位的熟悉需要一个过程，公司还设立了特别保护期，使这些员工有一个缓冲期胜任新的工作岗位。

6. 改制转型成功的原因分析

（1）坚持公益金融的初心。改制后，南召服务社和涞水服务社作为分支机构，接受中和农信公司的管理，管理人员、管理方式、风险控制、企业文化等都发生了很多的变化，但是致力于解决社会问题的公益初心并未改变。中和农信脱胎于中国扶贫基金会小额信贷项目，以孟加拉国格莱珉银行的小额信贷业务为蓝本，长期坚持"中意于农，和谐于信"，以高效的专业化团队，完善的管理体制和先进的运作模式，长期为难以获得金融支持的农民提供无须抵押、方便快捷的小额信贷服务，为地方百姓发展生产、生活周转解决资金短缺问题。

第一，使命。一是满足农村中低收入人群的资金需求。中和农信小额信贷的首要目标是服务于农村中低收入群体，使无法获得正规金融机构金融服务的人群同样能够得到金融服务，打通农村金融"最后100米"。这一点与扶贫社"满足低收入人群的贷款资金需求"目标完全一致，这也是两个机构合作的基础。二是提升贫困人群的自我发展能力。中和农信为贫困人口提供金融服务的同时，还为农户提供相应的生产技术、经营管理、法律知识、金融知识等多方面的培训，促进贫困人口生产经营能力的提升，协助贫困人口实现持续稳定的收入增长，从而稳定脱贫致富。三是实现可持续发展。小额信贷项目的可持续发展有赖于项目运营机构的稳定和发展，因此中和农信追求在实现机构自我可持续发展的基础上，推动小额信贷项目服务更广泛的农村中低收入人群。

可以看出，公司的使命和当初扶贫社建立的宗旨一脉相承，即通过提供信贷服务，改善中低收入农户，特别是妇女的经济状况和社会地位；以有效的方法提供适宜的产品和服务，为中国的小额信贷提供可供借鉴的经验。

第二，社会绩效管理。中和农信遵循并倡导国际上小额信贷的双重底线管理原则，始终坚持企业的财务绩效与社会绩效并重，并将社会绩效管理提到公司战略的高度。中和农信的社会绩效管理工作遵循国际普适性做法，紧紧围绕社会绩效治理、金融普惠、客户保护、人力资源和社会改善五个纬度展开，将社会绩效的理念贯穿于公司运营的每一个环节。

一是改制后高度重视社会绩效管理，指导工作人员在各项业务开展过程中履行企业的社会使命，追求社会价值的最大化。

二是改制后坚持贯彻普惠金融的理念，在控制信贷风险的同时，适度扩大服务客户的数量，使更多的贫困农民得到帮助和扶持，促使他们扩大生产，满足生产、生活对资金的迫切需要。

三是改制后强化对客户信息的保护，同时为客户提供多种形式的投诉渠道，定期开展客户满意度调研，将客户作为公司的合作伙伴，共同成长。

四是改制后为员工提供良好的工作环境以及全方位的福利保障，并遵循较为完善的奖惩机制，遵循各项劳动法律法规，赋予员工个人权利。

五是改制后注重社会改善，两个机构开展了多种形式的社会绩效活动，为客户以及社区百姓提供健康知识、农业技术、金融教育、环境保护等多方面的非金融服务，致力于创建一个更美好的社区环境。

（2）坚持市场化发展道路。改制后的南召和涞水分支改变了过去管理制度缺失、治理结构不明的状态，采用中和农信的市场化运营方式，接受总部的标准化管理，在人才招聘与管理、资金拨付和使用、风险管理和控制、内部激励与奖惩等方面都有了根本性的变化。

坚持市场化运营使企业发展的可持续性增强，融资渠道拓宽，营销手段更加丰富，也得到了国内、国际投资人的青睐。

第一，取得合法法律地位。中和农信公司从2012年注册辽宁康平小贷公司开始，逐渐打通了纳入正规金融监管的途径。先后取得了内蒙古、湖南、四川三家省级小贷公司和重庆、海南网贷公司的经营牌照，也为公司合规经营、扩大融资渠道铺平了道路。作为总公司设立在县级的分公司，两个分支机构也纳入了地方金融办的监管范围。

第二，股东结构不断优化。目前，公司的股东中既有中国扶贫基金会这样的公益组织，又有蚂蚁金服、红杉资本这样的商业机构，还有注重社会影响力投资的TPG、天天向上基金等，世界银行下属的IFC也成为公司的股东。这些股东的加入，不仅为公司带来了资金、技术，还为公司带来了经营理念、治理结构和模式的创新。由股东组成的董事会是决策机构，确定公司发展方向和战略，并任命总裁对公司发展进行管理。

第三，融资渠道市场化。近年来，中和农信的融资渠道不断拓宽，资金来源主要有：自有资金、商业贷款、资产证券化（ABS）、P2P融资和助贷，具体见图42。从融资趋势来看，中和农信的资金来源逐渐转向商业化市场融资，在市场中自主经营的能力不断提高。南召县的杨涛主任说："过去受资金限制，而现在可以自由发展，只要有客户就能提供贷款资金。过去主要担心的是资金不足，现在担心的是每年的放款任务量是否达标。"

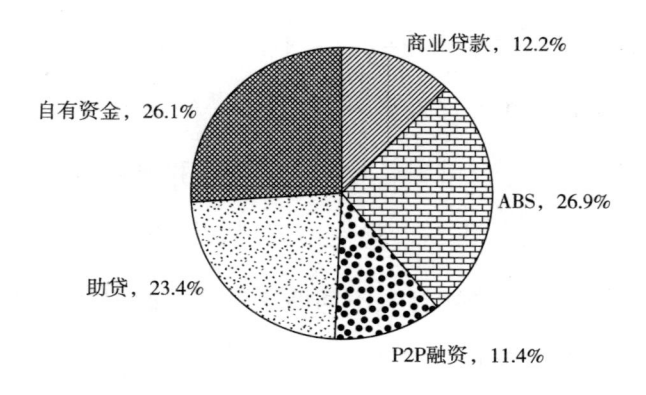

图42 中和农信融资渠道

（3）坚持管理标准化、规范化、制度化。曾经困扰扶贫社的治理结构不清晰、分级管理责权利不明确问题，在转型后得到了充分解决。经过20多年的发展，中和农信已经建立了一整套完整的治理结构。从机构建设、人员招聘、业务流程、产品服务、风险管理等各方面形成了标准化、规范化、制度化的体系。扶贫社试点项目的负责人杜晓山教授评价说，中和农信真正做到了"专业的人做专业的事"。

第一，组织结构规范化。中和农信从总部到分支机构的"三级四线"组织机构有效保证了公司运行的稳定和效率。"三级"即总部、区域、分支。总部是公司的中枢，通过规划、制度、机构建设实施董事会决策的战略；区域是联系总部和分支的桥梁，代行总部的监管职能；县级分支是总部各项任务的具体落实单位，根据总部制定的各项规章制度完成预定的任务。从总部、区域到分支机构的各个岗位有清晰的任务描述和考核指标，通过不同培训，每个员工都明确地了解岗位职责和任务。"四线"是总部的四条线，即运营线、支持线、风控线和内审线，从不同维度为分支提供全方位支持，也对分支进行全方位管理。

值得一提的是，公司成立的风险管理部和内审部。前者运用多种技术手段从运营、市场、信用不同维度，分析、研判公司、员工、客户的风险；后者则通过不间断、全覆盖的内部审计，对所有分支机构的工作合规性进行定期审查，及时发现、解决已经存在、刚刚有了苗头或者是潜在的问题，起到了风险预警作用。这些做法是公司根据长期工作中积累的教训发展而来的。

第二，工作流程标准化。所有业务工作、风险控制、人事、财务管理，都有明确的规范化流程，通过文件传达和落实。工作流程的规范化使各个分支机构和所有员工的工作有章可循、有据可查，杜绝了以前扶贫社管理中各分社由于对一些概念、方法、制度理解不同，或者因为个人意志导致的各行其是的风险。

第三，管理体系制度化。一个好的机构不是靠人来管理，而是靠制度规范管理。目前中和农信公司有一整套管理体系，涉及工作的方方面面，从客户调查到贷后管理、从员工招聘到培训上岗、从成本分摊到财务报销，无一不是靠制度进行管理，这些制度不仅为员工工作提供保障，也为内部审计、上级检查提供了可靠的依据，实际上为公司战略发展和业务拓展提供稳定的内部环境。

（4）坚持创新引领发展。创新是发展的最强驱动力，是企业发展的核心竞争力。扶贫社运营的十几年中，虽然也强调并试验了一些创新，但是受限于认识、管理能力、资金等问题，创新之路步履维艰。中和农信20多年发展的宝贵经验中重要的一条经验就是在坚持公益初心、坚持市场化发展方向中，通过创新提升服务质量、提高工作效率，保持公司发展的活力。

第一，以需求为导向的产品创新。扶贫社的产品是以孟加拉国格莱珉银行为模板设计的，这也是中和农信和其他国内公益性小额贷款机构初期共同走过的道路。

在2015年之前，中和农信的贷款主要是小组联保的贷款模式，但是贷款额度和还款条件与扶贫社有所不同。与此同时，中和农信一直根据不同地区客户经营情况的变化以及带来的对贷款额度、条件等需求的变化，公司技术条件和风险控制能力的变化开发新的贷款产品，已经开发出十几种不同的信贷产品。可以说，中和农信的业务一直跟着客户的需求走。目前，公司的核心贷款业务与初期的小组联保模式相比已经有了很大变化，对农区、牧区、农业经营和其他经营都有不同的贷款产品。在正规金融机构逐渐下沉、小贷公司四面开花、政府扶贫贷款大量贴息的市场竞争中仍然保持一定的市场份额。

第二，以风控为核心的技术创新。风险控制是企业良性运行的基础。而日新月异的技术发展为风险控制提供了充分的手段。中和农信通过接入央行的征信系统、自主开发信贷体系、在与蚂蚁金服合作中利用大数据优势控制风险等，进行了一系列创新。

大数据支持的风险管理。在蚂蚁金融战略投资中和农信后，公司引入了蚂蚁金服的人工智能团队的技术支持，主要通过大数据对客户风险进行审核辨析并给出评价，评级结果可作为信贷员做客户风险评估时的参考。风控系统的建立使70%的信贷审核和风险评估工作由机器完成，剩余的30%工作依赖人工。

第三，以提高工作效率为目标的数字化管理创新。除了信贷业务、风险控制外，公司在组织管理、培训管理中都进行了数字化改造，自主研发或引入系列数字化管理系统，钉钉办公系统、易快报财务系统、和信学院使用的汇思培训系统已经成为大家工作离不开的助手。网上办公、无纸化办公已经成为公司日常管理工作的常态，绿色办公走进了公司。

7. 坚持打造"行走在山水间"为民服务的队伍

中和农信经过20多年的努力，不断完善选人、用人、培养人的机制，形成了更为系统和完整的机构建设和员工发展体系，目标是加强人才培养，促进人才流动，使员工在农村金融这个广阔天地有所作为，服务他人，成就自己。

（1）全方位的职业发展培训。公司形成了完整的培训体系，包括培训内容建设、培训渠道建设和培训师队伍建设。根据员工入职时间和职位设计了不同的培训，帮助员工逐步提升能力，适应工作需要。

针对新员工的启航计划和新任分支负责人的领航计划、打造公司核心队伍的秋实计划、促进总部与分支负责人交流的船长计划、提升区域后备力量的星火计划伴随员工成长的每一个阶段。

内训师培养和课程开发与技巧训练营为公司内部员工提供了展示才华、提升自我、分享交流的更多机会。

和信学院搭建了员工随时随地在线学习的平台，多达100多门课程和集学习、考试、知识中心、问答等功能于一体的学习平台促进了员工不断学习、随时充电。

（2）体现企业价值观的企业文化。企业文化既是企业凝聚力的体现，也是一个机构人文精神和情怀的展现。中和农信的企业文化传递着企业使命，彰显了企业价值观，伴随企业发展进程不断丰富。制度与流程的设计科学规范，《和信》内刊传递公司最新信息，分享员工工作体会。"聚活悦"打造了一个全方位、立体式、有温度的活动平台。迎新活动、悦悦到我家、征文大赛、书画大赛、篮球比赛、摄影比赛、分支业务技能大赛、11·18文化节……丰富多彩的文化活动缩短了总部和分支的距离，增强了员工的归属感，让企业文化深入每个员工的内心。

（3）不断完善的薪酬福利保障。中和农信为员工提供具有竞争力的薪酬福利组合，包括工资、年终奖、"五险一金"、意外伤害险、补充医疗保险和年度体检。此外，员工还享有法定节假日及奖励性的年假，以及专门的过节费、培训费、团建费等。完善的薪酬福利制度，不又给员工的生活提供了保障，也提高了员工开展业务时的积极性。

8. 结语

相同的理念，相似的做法，使社科院为扶贫社寻求更大发展空间时选择了中和农信。六年的实践证明，南召和涞水两个助农助贫的小贷机构在转型之后发展更稳健、更高效、更可持续。中和农信的实践证明，不忘初心，不断创新，小额信贷机构可以在乡村振兴中发挥独特的作用，做出自己的贡献。

后　　记

　　非营利性小额信贷组织是普惠金融健康发展的重要力量。特别是在2020年后，城乡相对贫困与多维贫困将成为中国贫困的主要形态，坚持扶贫助困使命、始终专注于满足中低收入群体金融服务需求的非营利性小额信贷组织在金融扶贫方面（社会绩效）将扮演重要角色。但其发挥作用的前提是实现自身的可持续发展（财务绩效）。我国非营利性小额信贷组织发展的现实背景、政策环境、组织制度变迁是否有利于其可持续发展？财务绩效和社会绩效的表现如何？存在哪些需要总结的成功经验和深思的失败教训？这些问题的探讨既有利于挖掘非营利性小额信贷组织相较于商业性小额信贷机构的差异化优势，凸显其存在的必要性和重要性，也有利于深入了解阻碍非营利性小额信贷组织发挥作用的不利因素。鉴于此，课题组广泛结合了各方面的研究力量，包括中国人民银行总行金融研究所的张睿处长、中国国际经济技术交流中心的白澄宇处长（兼任中国小额信贷联盟常务副理事长）、中国社会科学院农村发展研究所、中国农业大学农村金融与投资研究中心和中国小额信贷联盟的研究人员以及一些非营利性小额信贷机构的负责人们，开展深入调研和研论，并把针对这些问题的有益思考呈现在该成果中。

在杜晓山研究员的主持下，在课题组广泛研讨的基础上，"国际非政府组织小额信贷机构述评"由白澄宇执笔，"中国非营利性小额信贷的产生与发展""中国非营利性小额信贷组织研究的结论和政策思考"由杜晓山执笔，"中国非营利性小额信贷机构发展环境的变化""中国非营利性小额信贷组织制度变迁"由孙同全执笔，"中国非营利性小额信贷机构业务模式及其变化""中国非营利性小额信贷机构的财务绩效"由何广文、贾艳执笔，"中国非营利性小额信贷机构的社会绩效"由王丹、朱肖怡、吕燕妮执笔，"中国非营利性小额信贷机构的典型案例分析"由张睿、罗永明和周雨晴执笔，"汉中市西乡和格莱珉商都案例""中和农信案例"由何晓军、王海南和李琦执笔，杜晓山缩写。最后由何广文、陈晓洁统稿。

本报告研究得到了中国小额信贷联盟提供的资助和行政支持，本报告出版得到了中国社会科学院创新工程和农村发展研究所提供的资助。